i
imaginist

U0540374

想象另一种可能

理
想
国
imaginist

Vincent's Books

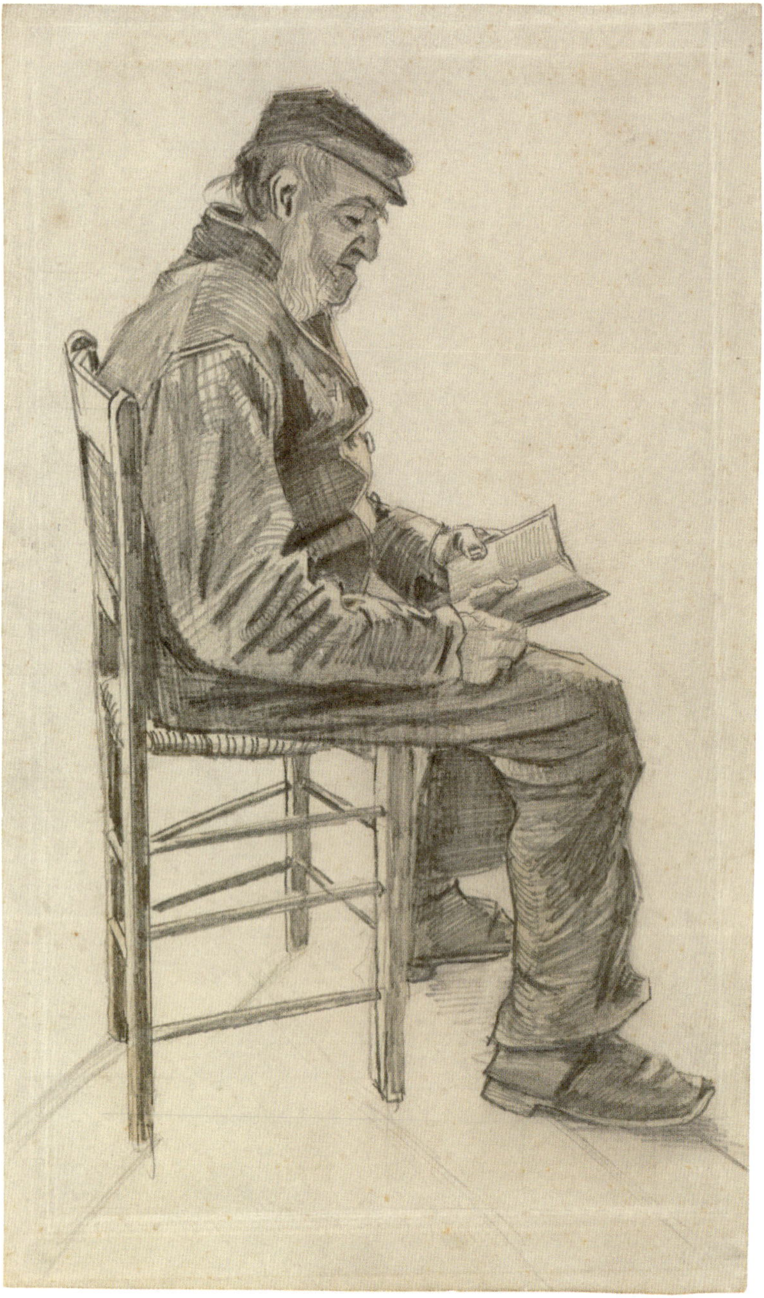

Mariella Guzzoni

Vincent's Books

Van Gogh and the Writers
Who Inspired Him

我 为 书 狂

凡·高的私人阅读史

［意］马里耶拉·古佐尼 著
陈 玮 译

北京日报出版社

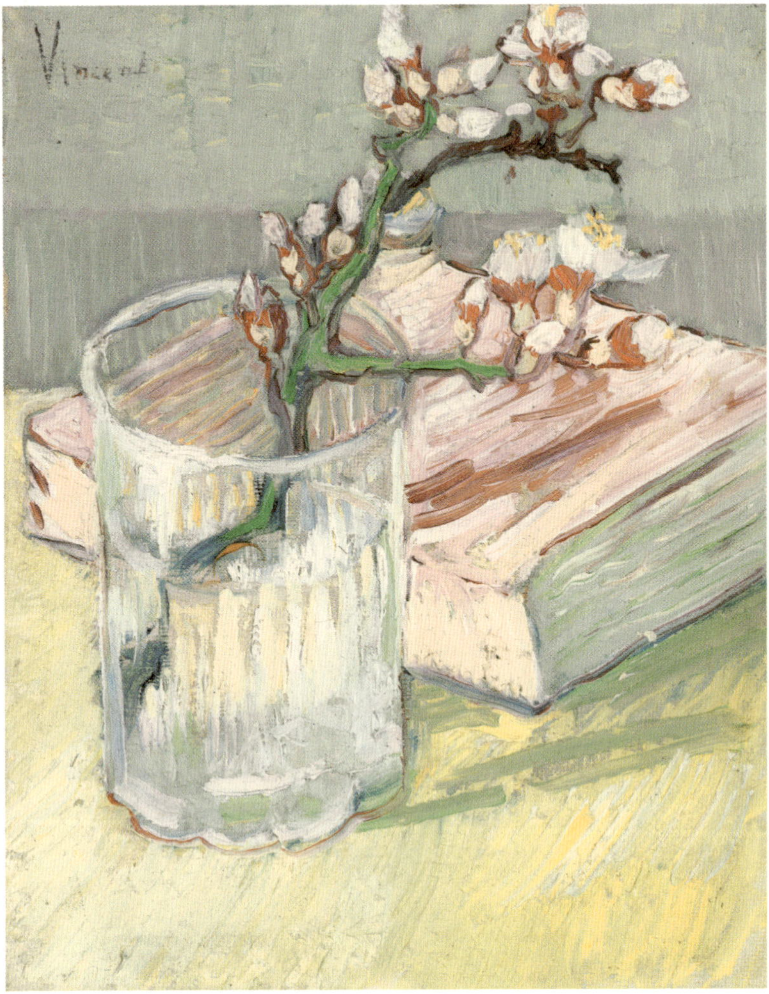

目 录

引 言
Introduction 6

第一章　**从传教士到画家**
From Preacher to Painter 19

第二章　**艺术与生活**
Art and Life 35

第三章　**农民画家**
Peasant Painter 71

第四章　**光之城**
The City of Light 91

第五章　**普罗旺斯岁月**
In Provence 121

第六章　**凡·高与阅读者**
Vincent and the Reader 147

第七章　**文森特：一切时代的读者**
Vincent: A Reader for All Times 167

与书为伴的一生：凡·高生平简表　191
参考文献　213
致谢　218
图片声明　219
译名表　220
索引　224

引 言

"我对书籍有种无法抵挡的激情……"

如果只用一个词来形容文森特·凡·高的精神,那应该是"激情"。作为一位画家,作为一个人,他短暂的一生都受强烈的激情推动——推动着他去追求艺术,追求信仰,以及追求书籍(其重要性丝毫不亚于前两者)。

还有一个词有助于我们衡量凡·高的激情有多么强烈,那就是"需要":"我对书籍有种无法抵挡的激情,我也需要不断地去教育自己,去学习,只要你愿意,就像我需要吃面包一样。"[155]他深深地体会到一种迫切的需要,要去学习、去行动,在这个世界上做点儿什么,甚至要去彻底改变艺术本身。凡·高对自己的行为确实怀有信念,对他来说,每一个决定都是一种使命的召唤,是他每天必不可少的精神食粮。书籍是陪伴凡·高一生的真正伴侣,但是很少有人注意到,书籍也对他的艺术发展产生了重要影响,而这从他的文字和绘画作品中就可以看出来。

1869年7月,凡·高年仅16岁,就离开了位于荷兰北布拉邦省津德尔特村的家宅(他在那里出生),前往海牙,为国际艺术品与印刷品经销商古庇尔公司工作。比他小四岁的弟弟提奥于1873年1月也踏上了同样的旅程,进入古庇尔公司的布鲁塞尔分部工作。凡·高那时已有三年多的工作经验,一听到这个消息就匆匆写了一封短笺庆贺弟弟入职:"我真高兴咱们现在都在同一个领域工作,还在同一家公司供职。我们一定要经常写信联系。"[002]自此,兄弟二人开始了长达十八年的热情通信,一直持续到1890年文森特去世。

在古庇尔公司,文森特·凡·高工作专注而勤勉,在20岁生日之前便得到晋升,并于1873年5月调往伦敦分部工作。自此,他开始在

凡·高
《几摞法国小说》
布面油画
54.4cm × 73.6cm
巴黎，1887 年 10 月至 11 月

"无论是在绘画领域还是文学领域，最吸引我、令我产生共鸣的艺术家，就是那些用灵魂创作的艺术家。"
给安东·凡·拉帕德的信，海牙，1883 年 3 月 21 日（或前后）

国外工作和生活，而这段时期对于他的艺术发展具有重大影响。他先是去了伦敦，然后到了巴黎，这两个地方都是孕育艺术和文化的温床。在三年多的时间里，兄弟二人从事同一职业。随着事业不断发展，他们也开始满怀信心地讨论文学、艺术，以及现代文化等话题。

在1869年至1876年间，凡·高相继在古庇尔公司的海牙、伦敦和巴黎分部工作，这些宝贵的经历都意味着，凡·高在十分年轻的时候就已经对欧洲艺术有所了解。他参观了当时主要的博物馆、画廊和艺术展。所有的绘画作品，无论是油画还是素描，无论是绘画原作还是版画，包括摄影复制品，都始终令凡·高深深着迷。

凡·高年轻时对艺术的这种狂热爱好，令他在脑海中建造起一座巨大的作品库，其中既有当时艺术家的新作，也包括经典大师的作品，他终生都在丰富和扩充这笔不为人知的宝藏。人们后来发现，凡·高具有极为惊人的记忆力，他头脑中的艺术"藏品"可不仅仅限于视觉艺术，还包括了另一种重要的资源：关于艺术的书籍。凡·高狂热地搜集各种专著、传记和博物馆手册（大多没有插图），并通过其中生动详细的描述而认识了大量的艺术作品。此外，他也阅读古庇尔公司的商品目录，其中登记了公司仓库中存放的数千种艺术品、版画和复制品。他不久也开始收集版画，并大力劝说提奥也这么做。自青年时期开始，文学和艺术在他的思想中就一直交织在一起。

如今存世的凡·高书信有820封，其中658封都是写给弟弟提奥的。而他收到的信件，我们只能看到83封。因此，他的往来书信总共有903封留存下来。这些情绪热烈的私人写作，是凡·高在激情的推动下，持续不断地用文字来讨论艺术和生活的生动写照：他不断地表达自己的希望，厘清自己的想法，明确自己的重点。在他的文字中，我们同样可以发现，他是一个受过良好教育的读者，充满好奇心，求知欲极强。

从童年时期开始，凡·高就如饥似渴地读书，还会重读、抄录，并有所思考。这些书涉及四种语言，内容涵盖数个世纪的艺术与文学。他从不放过文学和艺术杂志，也熟知《圣经》的很多版本和译本。我们或许可以恰当地说，文学与诗歌是他的最爱，而这种爱好早在他成为艺术家之前就已经形成了。这一点最早在他20岁出头的时候就有所体现，当时他编订了四本诗歌小册子，其中两本是给提奥的。[1] 他先是在 1875 年 3 月给弟弟的信中提到了其中一本，写道："我为你的小书增添了内容，我相信效果会很不错。"[029] 在这本十分有趣的诗歌选集中，文森特抄录了一些诗歌和散文的片段，都是未经翻译的原文，尤其是浪漫派和后浪漫派作者的作品，包括海涅、朗费罗、歌德、圣佩韦、米什莱和苏维斯特，等等。被他选入这本 69 页的小集子之中的诸多诗歌，其中的很多意象多年来不断地出现在他的绘画和写作当中，比如将生活比喻为一次海上的航行，这个隐喻就是从法国诗人埃米尔·苏维斯特那里抄录的。这本包含多种语言的私人笔记，足以表明凡·高年轻时阅读的深度和广度。

　　凡·高在 27 岁那年决定成为一名画家。就在他做出这个决定不久之前，他在一封动人的信件中还提到了他心中"对书籍有种无法抵挡的激情"[155]。十年之后，就在他的绘画创作达到顶峰的时候，他对着自己的胸口开了一枪。如今，文森特·凡·高不断为各位写作者和艺术家提供创作的灵感，并且成为很多人分析和研究的主题。

　　从凡·高 16 岁开始人生的第一份工作，到他 37 岁自杀辞世，其中只有短短二十一年。我们可以采取一个文学的视角，将这段时间大致划分为三个时期。

　　在凡·高职业生涯的第一个十年，他进行了海量的阅读，这既是为了工作，也是为了个人的乐趣。他在古庇尔公司待了几年（1869—1876），随后的一段时期又愈发陷入宗教狂热（1876—1879），他也因此去比利时的博里纳日矿区找了一份福音传教士的工作。而在那里，他觉得自己的人生一败涂地、毫无前途。1879 年夏天，他失去了原来的传教工作，前往附近的矿村奎姆传教。他的职业生涯迎来了最终的失败，他在接下来的一年都远离人群，阅读和钻研以前没读过的作家作品——新的"福音"。我们将会看到，这段阅读经历唤醒了他内心真正的渴望，促使他最终远离了那些在他看来属于教权的、伪善的东西。1880 年 6 月，他写了我们前文引用的那封信（编号 155），成为后来存

1　在这四本存留下来的诗集（约 1873—1876）中，有两本是为提奥编的；一本是为荷兰画家马泰斯·马里斯编的；第四本是为妹妹伊丽莎白（昵称丽丝）编的，1994 年被捐给了阿姆斯特丹的凡·高博物馆。

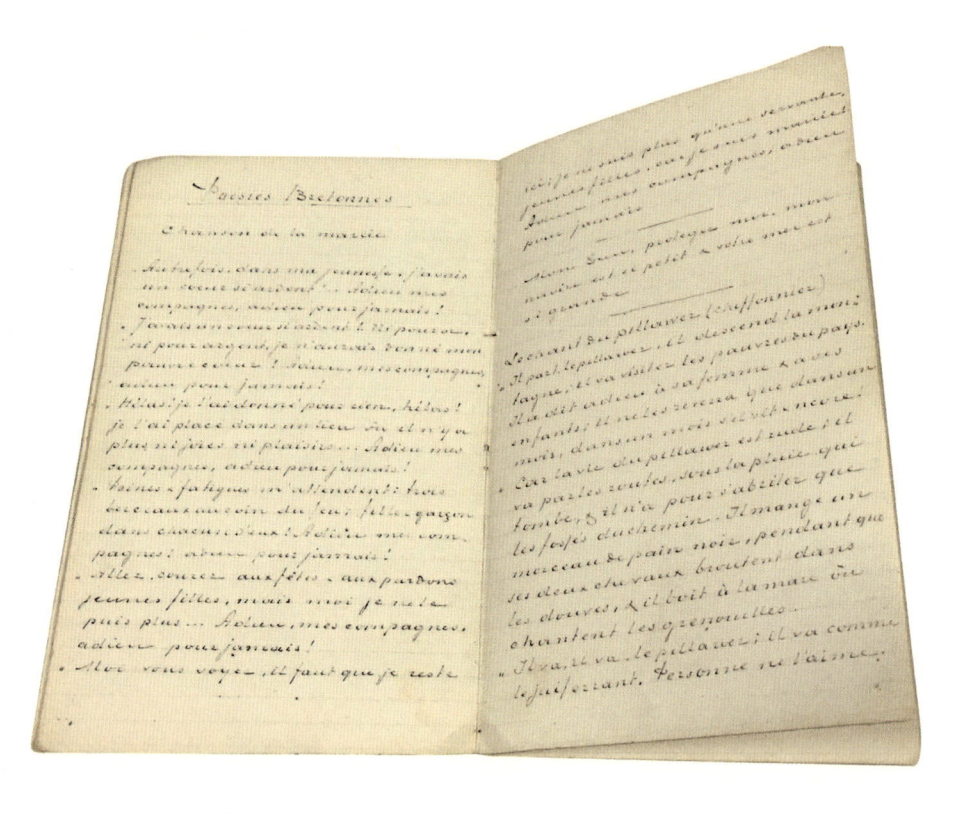

凡·高
《给提奥的第二本诗集》
伦敦，约 1875 年，第 31—32 页

"上帝啊，护佑我吧，我的呼喊是如此弱小，而你的海洋是如此阔大。"

凡·高，《给提奥的第二本诗集》，伦敦，约 1875 年。
引自埃米尔·苏维斯特，《最后的布列塔尼人》(Les derniers Bretons)，1843 年世的最重要的信件之一。在信中，他谈到了自己对书籍和艺术的激情："对书籍的爱就像对伦勃朗的爱那样神圣，我甚至觉得，这两种爱相互补充、彼此增强。"在重生的凡·高身上，文学、艺术和生活已经变得不可分割，并且以一种简单而有力的方式结合在一起："而一个人必须学着阅读，正如他必须学会观察，学会生活。"[155]

在接下来的十年里，凡·高主要从事绘画创作，而他对文学作品的爱好、对新作家的钦慕，为他的艺术探索提供了新鲜而富有挑战性的想法。

如果说我们能够找到一个元素，将凡·高复杂的一生统一起来，那么毫无疑问，这个元素就是书籍。他对阅读的热爱贯穿终生，兴趣随着人生角色的变化而不断变化——无论是作为艺术商人、传教士还是画家，而这种热爱又始终听从他那永远不知餍足的欲望——渴望学习，渴望理解，渴望说服，渴望讨论，渴望以自己的方式去为人类服务。他在职业生涯的最初十年所获得的这种文化意识，为他将来成为一位艺术家奠定了基础。我们将会看到，在凡·高从传教士到画家的转变过程中，学习和阅读起到了至关重要的推动作用。

凡·高最终决定当一位画家。做出决定后不久，他就开始通过这种全新的视觉手段来表达对书籍和阅读的热爱。1881年，他画了一张漂亮的大幅水彩画，以此来描摹他的第一位"阅读者形象"：《火炉旁读书的男人》（Man Reading at the Fireside）。男人穿着凡·高画作中经常出现的荷兰木屐，独自一人坐在火边读着书，沉思默想，他身边那种沉静而私密的氛围表达了凡·高的一个根本信念：每个人都可以通过书籍和学习来照亮自己的路。在凡·高眼中，这个主题与现代性以及他本人的新生密切相关。该主题也将贯穿他艺术生涯的各个阶段——凡·高画了不下二十五幅表现阅读者和书籍的画作与速写，其中包括五幅纸上画作、十八幅油画，以及两幅画在信中的速写。这些画持续且频繁地出现在他人生的各个阶段。这一点表明，在凡·高这里，"书籍"是一个持久的创作焦点：他不断地带着全新的目标返回这个主题，在阅读行为本身发生急剧变化的新时代，专心致力于对这类绘画题材的革新。

凡·高在绘画作品中描绘过许多书籍，而这些书籍也为他富有创造性的画作赋予了特殊的氛围，比如他 1887 年在巴黎所画的那几堆书（参见第 112 页），明明是一幅静物画，却流淌出强烈的热情。凡·高的阅读范围极其广泛，对几个世纪以来的艺术与文学都有所涉猎——他在书信中提到过几百部文学作品，涉及两百多位作家、四种语言。他的阅读嗜好反映了品味的发展变化，并与几次重要的人生转折密切相关。有几次，他读的书甚至预示了他在不同国家之间的迁移，或是在不同的创作之间的转换。他与提奥及其他几位亲友之间保持着常规的通信，这让我们得以追随他精神与艺术的发展轨迹——从荷兰（1881—1885）到巴黎（1886—1888），再到普罗旺斯（1888—1890），最后到瓦兹河边的奥维小镇（1890 年 5 月至 7 月）。

　　凡·高本人并不是专治文学的学者，他在书信中也无意做文学分析，因此，本书也无意探究文学领域。凡·高在他所读的书籍中寻找自己，他甚至在最喜欢的文本中看到了自己——这些书籍如镜子一样照出了他的影子——对书中的观点和情感产生了共鸣。他的几幅自画像就说明了这一点，本书中收录了其中的五幅，它们都标志着凡·高艺术生涯中的关键时期（参见第 75、95、118、129、138 页）。这些作品揭示的并非艺术家所受的某种外在影响，而是一个离开书就活不下去的人心中的强烈激情。如果凡·高对某位作家产生了兴趣，他就会阅读所能找到的该作家的全部作品："说到作家，比如狄更斯、巴尔扎克、雨果和左拉，你难道不觉得，除非一个人对他们的作品有了近乎完备的了解，否则他根本谈不上了解他们？我觉得这也同样适用于米什莱、埃克曼–沙特里安这样的作家。"[345] 这些话出自凡·高写给画家朋友安东·凡·拉帕德的信，由此可见凡·高的阅读达到了多大的强度。正是在喜欢的作家那里——这里仅举数例，比如狄更斯、左拉、雨果、米什莱和皮埃尔·洛蒂，凡·高获得了启发与陪伴。而在他所珍爱的书籍中，以下几个主题是最常出现的：不公正和对穷人的同情，朴素天真、谦卑与勤奋工作的意义，对土地与自然的赞美，以及对人类灵魂的审视。凡·高还相信，"阅读小说"这个行为本来就是大多数人喜爱的，因为它既是一种娱乐，也是一种教育的形式。他非常重视这些文学作品，认为它们抓住了"19 世纪的主旋律"[798]。

　　但必须说明的是，虽然凡·高对书籍十分珍爱，但他并不是一个

凡・高
《火炉旁读书的男人》
黑粉笔、炭笔、淡墨、水粉，直纹纸
47.5cm × 56.1cm
埃滕，1881 年 10 月至 11 月

"我身边的一切都变了，现在我开始上手了，画笔似乎听我使唤了，而且似乎越来越听话。"
给提奥的信，奎姆，1880 年 9 月 24 日〔158〕

书籍收藏家。更确切地说，他是一个书籍使用者。对他而言，重要的不是拥有多少册书，而是让书籍真正为他所用。有人认为，"拥有藏书"这个事实本身就足以建立"[一位收藏者]与物品之间至为亲密的关系"[1]，但是凡·高并不赞同这个观点。作为一位总在不断迁徙的画家和阅读者，他通常不会带着书籍一起搬迁，而是留给朋友或者干脆送人。他使用这些书籍，最为重要的是把书籍记在脑海里。尤为令人印象深刻的是，他能够记住很长的段落，写信时也常常引用，很多时候会根据自己的情绪而对其稍加修改、删减或增补，或是将自己读过的同一文本的不同版本结合起来。相反，阅读或引用的对象本身对他而言并不重要。他不认为自己的藏书是由装满书的书架构成的图书室——他的图书室建在他的头脑中。事实上，在他的书信中，我们发现只有几行提到了书籍本身——先是在海牙写的信，他在信中提到了一个"橱子"，"其中放着所有的瓶瓶罐罐，还有我所有的书"[245]；不久之后，他还向妹妹威尔敏娜（昵称威尔）问起留在小镇纽南的两本书（可能是"丢了"）[626]，这也是仅有的一次。在凡·高的文字中，我们看不见任何关于书籍的实际信息，至于他认为哪些书是最重要的，我们只能从他的评论或绘画作品中推断出来。

不过，书籍依然是凡·高最忠诚的旅伴，是他在忧郁感伤的日子里最重要的精神支撑：他会定期重读自己喜欢的作品，每一次都从文字与插图中找到新的意义。凡·高读书至少有两种方式：一种是"一口气读完"，另一种是"字斟句酌地细读"。[2] 不过，我们或许还可以加上第三种、第四种方式：画家式的阅读，以及从一个写作者的角度去阅读——他或许知道自己会成为这样的写作者。对凡·高来说，读书首先意味着"在书中寻找那位创造它们的艺术家"[804]——在给妹妹的信中，他这样写道。他努力与那些作为艺术家的作者展开内在的对话，反复思考他们的文字，停下来一遍又一遍地斟酌某个措辞，然后在自己心中与之产生共鸣。他阅读多种语言的书籍——经年累月地，他将

---

1 Walter Benjamin, 'Unpacking My Library. A Talk about Book Collecting', in *Walter Benjamin: Illuminations*, p. 67.
2 在《阅读史》（*A History of Reading*）中，阿尔维托·曼古埃尔写道："我觉得我至少用两种方式阅读。首先，一口气跟着其中的事件和人物读下来，不会停下来注意那些细节……其次，通过仔细探究，审读文本，以理解其中复杂的含义……"

文字内化，反复琢磨，令它们服从于自己的意志，最后为它们选定某个命运。值得注意的是，由法国自然主义小说家（例如左拉、龚古尔兄弟和莫泊桑）撰写的几篇序言（今天已被公认为真正的宣言），对凡·高的思想产生了真正的震撼和影响。凡·高在它们当中发现了自己在绘画领域所追求的自由——他自己的观点得到"确认"，并获得启发和鼓励。他珍爱的书籍和杂志中的插图，同样吸引着他，并长久地影响着他。他会停下来反复揣摩这些作品，间接地从中汲取灵感。

毕竟，凡·高会认为，一位艺术家是用文字作画还是用画笔作画，差别其实不大："左拉和巴尔扎克是描绘社会乃至整个现实的画家，他们在那些喜爱自己的读者身上唤起了罕见的美学情感，而这恰恰是因为读者接纳了他们所描绘的整个时代。虽然德拉克洛瓦描绘的不是某一个时代，而是普遍的人性与生命，但他同样是这些全能天才当中的一员。"[651]他们的目标是相同的，不同的只是他们手中的工具，而不是"作画"这个动词本身。

凡·高从未参与任何一场艺术运动或文学运动，因为他更愿意恪守自己的根本信念，追求"本真与真诚的东西"[497]。对阅读的激情和狂热，并没有令他忽视其他的思考方式。如果一个人所读的书可以反映他的性格（如果我们所读的书能够"以某种方式"变成"我们的一部分"[663]），那么我们就有可能通过凡·高阅读的书来了解他本人。在阅读时，他坚持要从各位作者当中找出那位"独一无二的艺术家"。他感兴趣的不仅仅是这些作者的理论立场，还包括他们的伦理倾向——他不断地仔细审读这些书的序言和作者传记，试图由此发现他们的倾向。最本质的东西总是存在于文字的背后。看看凡·高收入囊中的最喜爱的作家，很明显，"家族"成员的共同特点不仅在于涉猎相同的主题，也在于书中某些人物在道德和智性等方面所达到的高度——这些人物都是作为艺术家的凡·高最喜欢的，从他们身上，凡·高能不断地汲取力量和勇气。凡·高十分敏锐地意识到文学艺术在政治和文化方面具有的潜在力量（这种力量体现在狄更斯、斯陀夫人、雨果、左拉和米什莱这样的作家身上）。就他而言，他没有选择社会现实主义这条艺术路线，而且远离了点彩派的美学分野。他也没有被象征主义者牵着鼻子走，后者对他来说太过陌生。"本真与真诚"就是他作为艺术家所秉持的信念，是他终生抱持与呵护的不变信条。这两个词语恰当地概括了他的伦理与社会理想，这些理想支撑起了他作为艺术家所要肩负的责任——艺术必须是人们能够理解的东西，必须是能够激发人们思想的东西，它必须简单、直接且不能诉诸理性。这是一种能够给予观看者以欢乐或慰藉的艺术，唤起人们"罕见的美学情感"——它是面向人类的艺术，是为"平民百姓"所作的艺术〔823〕。

凡·高的内心是一个现实主义者，他通过文字和图像来认识这个世界，并将正在发生的生活定格。他以一种极端个人化的方式将艺术、文学和现实结合在一起，将各种不同的元素和令人兴奋的事物整合起来，而这往往需要充满耐心的长期酝酿。在仅仅十年左右的时间内，凡·高的艺术风格发生了惊人的进步（关于这方面的研究有很多）。在他对书籍的热爱中，同样包含着贯穿其艺术创作的能量与创造性的张力。凡·高的绘画事业并不是从描摹绘画指南开始的——尽管他非常刻苦地做过这种练习——相反，他的创作源于早早播下的种子，源于他为提奥编写的那本收集诗歌的"小册子"。

本书的七章内容按照年代线索，探究了凡·高对书籍的热情，以及表达这种热情的多种形式：视觉方面，观念方面，以及和人有关的方面。这三点的顺序和程度会根据实际情况而有所变化，笔者也是基于此来选择呈现在本书中的素材。在选择其他作家的著作时，本书决定选择凡·高确实看过或描述过的作品，或者是笔者推断他比较熟悉的作品。在这里笔者无法考察凡·高读过的所有作品，而且关于这个主题，已有作者进行了重要的研究。[1] 而本书想要做的，是透过凡·高挚爱的书籍，勾勒出他的艺术和思想轨迹，展开一场持续的对话——一方是凡·高作为画家所创作的作品，另一方则是赋予凡·高灵感的重要作家和插图作者。为了表明双方的直接联系，本书会将凡·高自己的书信文字、作品，连同他喜欢的插图、援引过的文学作品，一起呈现出来。因此，本书的研究所使用的主要材料就是那903封存留下来的书信——收录于利奥·杨森、汉斯·吕艾顿和尼恩科·巴克合编

---

[1] Wouter van der Veen, "Works and articles dealing with Van Gogh's literary knowledge: advances and deficiencies", in *Vincent van Gogh: A Literary Mind*, pp. 13–18; Judy Sund, *True to Temperament. Van Gogh and Naturalist Literature*.

的重要文献《凡·高书信全集》(*Vincent van Gogh — The Letters*, 2009)中,并将它们连同凡·高所熟悉并喜爱的书籍及艺术作品一起审视。关于凡·高创作方法的研究,韦尔库普等人编写的《凡·高的画室实践》(*Van Gogh's Studio Practice*, 2013)是一部无法超越的著作,此书的描述为笔者理解凡·高的艺术实践和目标提供了很大的帮助。

本书引用凡·高的书信时,用六角括号括注数字编号,编号依照的是《凡·高书信全集》。凡·高的书信原稿可以在网络上查找,网址是 www.vangoghletters.org。凡·高的字迹不合常规,当他想要表示强调的时候尤其如此。他常常会用力摁钢笔,令墨水流出,造出他自己特有的"粗体字"来表示特定的词语;有时把个别字母写大,或者间隔很大。关于这些特点,条件允许的话,本书在排版时会进行相应的视觉呈现;或者用文字描述出来。凡·高自己画线表示强调的地方,则会尽可能忠实地保留。

注释中凡·高的作品使用了两种编号:F 系列用的是雅各布-巴尔特·德·拉法耶的《凡·高作品集:油画与素描》(*The Works of Vincent van Gogh: His Paintings and Drawings*, 1970)一书的编号;JH 系列使用的是扬·胡尔斯克在《凡·高新全集:油画、素描与速写》(*The New Complete Van Gogh: Paintings, Drawings, Sketches*, 1996)中的编号。

……

借由凡·高喜欢的书籍走进他的生活和艺术,我们能够站在他所处时代的文化语境当中,揭示隐藏在凡·高所有作品背后的关键。我们所考察的不仅仅是那些里程碑式的艺术作品,也包括那些在凡·高的艺术生涯中相对次要的作品。我们能看到书籍、艺术和人性如何在凡·高身上相互交织,最终形成一个不可分割的整体,从而赋予他的这句话以生命和声音:"书籍、现实和艺术对我来说就是同一种东西。"〔312〕

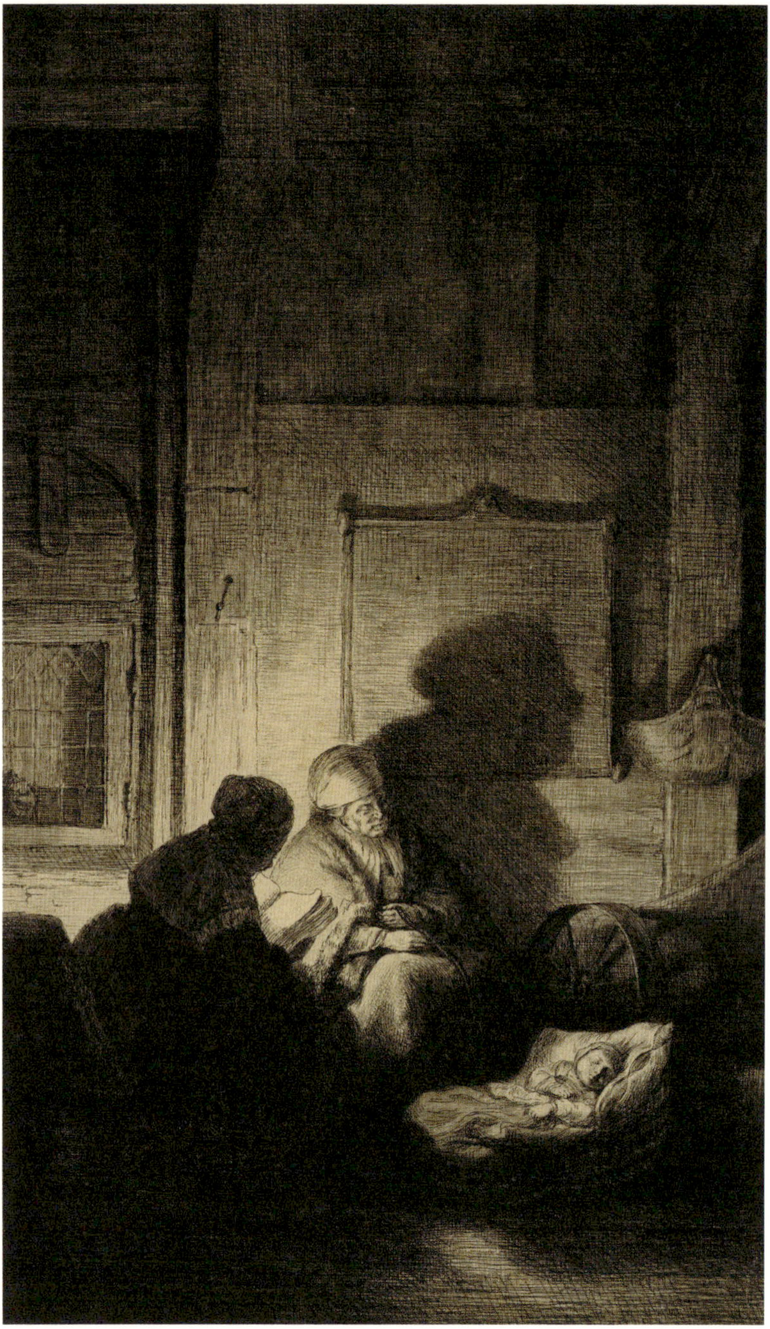

第一章

从传教士到画家

"今天早上在教堂,我看见了一位瘦小的老妇人"

当凡·高脱下穿了将近七年的古庇尔公司的工作服时,他已经辗转欧洲多个城市,才刚满 23 岁。这份艺术交易的工作并不适合他。在 1876 年 4 月中旬,他前往英国,接受了一个助教职位,先是在小镇拉姆斯盖特,然后在伦敦附近的艾尔沃斯。他的宗教热情迅速增长,渴望成为一名非神职的传教士。1877 年 1 月,他回到荷兰过圣诞节,听从了父母的建议,到西部城市多德雷赫特的"布鲁塞和范布兰书店"(Blussé & Van Braam)工作。书店出售书籍和杂志,同时也销售画作和古庇尔公司生产的复制品。作为一名店员,凡·高非常努力地工作,每天都花很多时间和书籍打交道:"我早上 8 点到那儿,晚上 10 点回来。"〔101〕然而,他这个时期的书信中充斥着《圣经》的内容,以及自己想要成为一名牧师的打算。

1877 年 5 月,凡·高决定跟从牧师父亲的脚步,从事神学研究,于是前往阿姆斯特丹学习希腊语和拉丁语,准备参加大学入学考试。但是他眼中看到的依然全是艺术:"今天早上在教堂,我看见了一位瘦小的老妇人,可能是烧炉子的女人。她一下子就让我想起伦勃朗的版画,一个女人读着《圣经》,然后手扶着头睡着了。夏尔·勃朗[1]对它的描写如此优美,如此深情。"〔115〕凡·高熟悉这件小版画,它被收录在法国作家夏尔·勃朗编写的《伦勃朗作品全集》(L'oeuvre complet de Rembrandt)第二卷中。在书中,勃朗温柔地描绘了伦勃朗如何捕

---

1 夏尔·勃朗(Charles Blanc, 1813—1882),法国作家、艺术批评家和色彩理论家,著有《我们时代的艺术家》(Les artistes de mon temps)、《绘画艺术的原理》(Grammaire des arts du dessin)等。(编辑注)

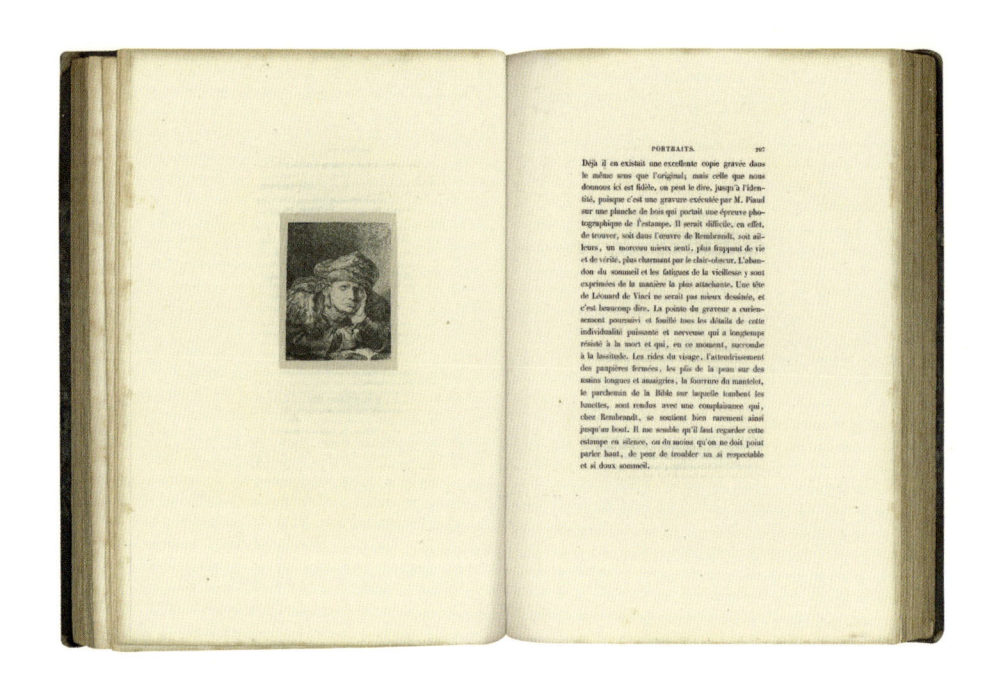

伦勃朗·凡·莱茵
《睡眠中的老妇人》，1635—1637 年
夏尔·勃朗，《伦勃朗作品全集》
Paris: Chez Gide, 1859–1861, vol.II, pp. 206–207

"脸上的皱纹，温和地合上的眼皮，瘦长双手上皱褶的皮肤，斗篷上的皮毛……都带着伦勃朗的画作中一种罕有的喜悦。在我看来，我们应当静默地观看这幅图片，至少不要提高我们的声音，这样才不会打扰如此甜美、如此可敬的睡眠。"
夏尔·勃朗，《伦勃朗作品全集》

凡·高
《在教堂里》
铅笔、钢笔、墨水、水粉、水彩,横纹纸
28.2cm×37.8cm
海牙,1882 年 10 月

"盖斯特地区的一间小教堂,领救济的人们都去那儿(在这里人们意味深长地称他们为**孤寡**的男人和**孤寡**的女人)。"
给提奥的信,海牙,1882 年 10 月 1 日〔270〕

捉老年的美:"脸上的皱纹,温和地合上的眼皮"——当我们凝视这件作品时最好保持"静默","这样才不会打扰如此甜美、如此可敬的睡眠"。

　　这是伦勃朗的魔法,他的卓越天才可以将现实的生活场景变得神圣、永恒,具有普遍性:"《福音书》中有伦勃朗的味道,伦勃朗的作品中又有某种《福音书》的味道。"[155]五年之后,已经成为画家的凡·高,他的传教生涯已经结束,而他会受到启发,用出色的水彩描绘出海牙贫困地区一间教堂[1]内的类似场景(参见第21页)。对他来说,生活和艺术毫无疑问是相互缠绕在一起的,早在他成为艺术家之前就是这样。在他对提奥的叙述中,那口吻还不是一个画家口吻,而是一个年轻男人,认为自己终于找到了他的使命。用他自己的话来说,他希望成为"语词的播种者"[112]。

　　凡·高的宗教时期持续了三年左右(1876—1879),在此期间他的宗教热情不断高涨,甚至发展成狂热。最初,剧烈的宗教激情在他内部迸发,压倒了他的身体和灵魂,这就是对传播基督的热情。他的信件中充满了引用的宗教性文字。他主要通过两本书来认识这个世界:一本是《圣经》,另一本是文艺复兴时期宗教作家托马斯·厄·肯培的《效法基督》(*L'Imitation de Jésus-Christ*)。非常有趣的一点是,这两本书已经在他的头脑里占据一段时间了。早在1875年,凡·高当时还在古庇尔公司的巴黎分部工作,他就已经将每天晚上的时间都用来给室友哈利·格莱德维尔朗读法文版《圣经》[2],后者当时刚刚来到古庇尔公司工作。他那时显然非常喜爱这本法文版,以至于热切地寄了一本给提奥,提奥当时只有18岁,还是古庇尔公司海牙分部的初级职员:"有机会我会寄给你一本法文版的《圣经》,还有《效法基督》。"[038]后面这本书将会对他产生深远的影响,使他走上传教士的道路。这本由荷兰修士、神秘主义者托马斯·厄·肯培撰写的著作,指引人们投身宗教修行,并提倡完全信从上帝的意志。

　　在与格莱德维尔于蒙马特合住的"小房间"的墙壁上,凡·高挂

1　很有可能是指名为 Bethlehemkerk 的教堂,在凡·高的时代是众所周知的"贫民教堂"。
2　凡·高可能已经很熟悉这个法文版本的《圣经》,该版本由勒迈特·德·萨西翻译,非常受欢迎,并多次重印。

《圣经》(法文版,附有一幅巴勒斯坦地图)
勒迈特·德·萨西译
Paris: Garnier, 1875

"每天傍晚我们都一起回家,在我房间里随意吃点东西,然后剩下的整个晚上我都大声朗读,通常是读《圣经》当中的一些段落。我们打算就这么一直读下去。"
给提奥的信,巴黎,1875 年 10 月 11 日〔55〕

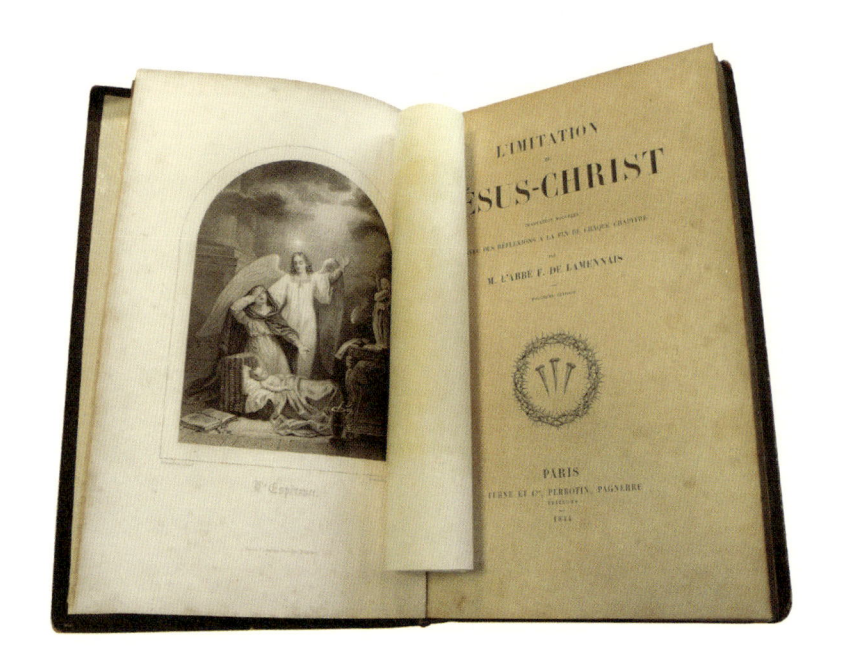

托马斯·厄·肯培
《效法基督》（法文版），约 1418—1427 年
M. F. 德·拉梅内译
Paris: Furne et Cie., 1844

"我也忙着誊抄整本《效法基督》的法文版，我是从科尔叔叔那里借来的。这本书好极了，它的作者肯定是一个完全契合上帝意志的人。"
给提奥的信，阿姆斯特丹，1877 年 9 月 4 日〔129〕

"跟从我的人，不会走入黑暗。"
托马斯·厄·肯培

了很多画，其中就有他喜爱的《阅读圣经》(Reading the Bible)[037]的版画，当时这幅画被认为是伦勃朗的作品，"一间宽阔老旧的荷兰人房间里，（当时是傍晚，桌上点着一支蜡烛）一位年轻的母亲坐在孩子的摇篮旁边，读着《圣经》。一位老妇人正在倾听"[037]。在这个场景中，我们看到一位女性全然专注于大声的朗读，她的声音似乎被画面中心的大片阴影放大了。这是进入凡·高精神画廊的第一个阅读者形象，凡·高的家人也认为这一幕"非常美丽"[1]。

在这第一个例子中出现的一连串事情——他的阅读习惯早于后来的人生选择，甚至预言了他的人生选择——将在他的一生中不断重现。

对这位年轻人来说，1878年是艰难的一年。首先，他放弃了正式的神学学习。然后，在布鲁塞尔附近的拉肯，他在一家佛拉芒语的福音传教士培训学校参加了一期短期课程，但未能成功升入下一个阶段继续学习。因此，凡·高的梦想破灭了。但是他并没有灰心，而是决定前往贫困的博里纳日矿区，投身成为一名非神职传教士。他觉得矿工们需要他："你肯定知道，不仅仅是福音书，整部《圣经》的根本主张或基本真理之一就是'光明在黑暗中显现'……那些在黑暗中工作的人，在大地的内部工作的人，比如在黑暗的煤矿中劳作的矿工，以及其他类似的人，都被福音所深深打动"[148]——1878年11月，他在动身前不久写给提奥的信中如是说。到了圣诞节，他向弟弟描绘了他所看到的新风景，那白雪覆盖的景象，"令人想起'农民画家勃鲁盖尔'笔下那些质朴的画作"[149]。尽管凡·高的身边没有画作，但是他找到了——他经常这么做——一面由自己珍爱的艺术作品（包括绘画和文学）构成的镜子，就存在于他的精神画廊之中，存在于自然当中。他很确定，提奥会明白他的意思。

接下来的1879年1月，他终于获得了一个临时的职位，成为一位福音传教士，职责包括探访那些生病的人，并为他们朗诵《圣经》。他传教的方式非常极端：他将自己所有的财物都给了那些矿工，全心照顾伤者，撕下自己的衬衫为那些烧伤的患者包扎。他的信仰并不是停留在理论层面，而是不可动摇地相信怜爱贫穷困苦之人的基督。在博

1　1875年9月，丽丝给提奥写道："我不清楚你最近在信中提到的那幅版画，它是不是叫《阅读圣经》。如果是的话，我觉得它非常美丽。"

里纳日，凡·高观察到，"正是穷人才会友善地对待穷人"[151]，而他想要和他们一起穷，像他们一样。不过，他的热情并没有得到福音传教会的认可，后者在同年的 7 月决定不再续聘凡·高——职业生涯的又一次失败，让凡·高开始了一段全新的生活。正是在矿区，凡·高对所有的宗教组织失去了信念，他开始热切地寻求新的"福音"。他狂热地阅读，开始速写"典型的矿工"[151]，这些人都"精疲力竭、面容憔悴、饱经风霜而过早地衰老"[153]。但这些速写几乎都没有保留下来。不过，他所遭遇的矿工的苦难似乎永远地改变了他，将他推向了新的使命。1880 年 6 月，在不顾家人反对离开家一年以后[1]，凡·高打破沉默，给提奥写了一封极其动人的信。在信中，他表达了内心的不安，以及他为了寻找生命的真正意义所做的努力。

"好吧，现在我不再拥有那些身外之物了。不过，有某种被称为灵魂的东西，有人说它永远不会死亡，它会永生，并且会永远永远不停地追寻。所以，我没有被乡愁击垮，相反，我对自己说：每个地方都是故乡或家乡。所以，我没有被绝望打败，在我还有力量能够积极的时候，我采取了一种'积极的忧郁'。或者换句话说，我喜欢有所希望、渴望和探索的忧郁，而不是绝望、悲伤和停滞的忧郁。所以我相当认真地研读了我能获得的书籍，比如《圣经》和米什莱关于法国大革命的著作，去年冬天我还读了莎士比亚和一点雨果，还有狄更斯和斯陀夫人……"[155] 事情的发展轨迹非常清晰：凡·高研读那些书籍并从中寻求鼓舞，而且在这些书籍中，他发现了新的精神指引，一种可以作为行动指南的"现代福音"。那些书籍作为他一生中忠实的伙伴，有着共同的主题：为了自由而抗争，以及文学在道德层面的重要意义。最终，它们将目光投向穷人和遭受不公的人，并大声疾呼要终结对贫困之人的压迫。通过这些观点，凡·高对自己有了更充分的认识。他在信仰宗教期间信奉的价值观逐渐淡漠，如今他需要一套新的伦理结构和新的声音来指引自己。

在这些新的声音中，第一个也是最重要的一个声音来自儒勒·米什莱，他是法国伟大的浪漫主义历史学家，其著作《法国大革命史》

---

1 也有可能是家庭成员的某些信件被刻意隐藏起来或毁掉了。

第一章　从传教士到画家

多米尼克·维旺·德农制版
[原作者] 伦勃朗·凡·莱茵
《夜晚的圣家族》
1787 年（原作约 1642—1648 年）

（Histoire de la révolution française）基于详尽的史料研究写作而成，是一部里程碑式作品。在书中，米什莱敢于赋予人民主动性，坚定地将他们置于革命力量的核心。凡·高发现米什莱的视角如此具有说服力，以至于没过多久就将他视为新的精神之父。[1]这里可以看到该书的平装普及本，封面十分引人注目——"革命"（RÉVOLUTION）这个词采用了粗黑的字体，尤其醒目，呼应了米什莱为 1868 年版所作的序

1　1881 年 11 月，凡·高写信给提奥："我也很坦率地告诉爸爸，在这种情况下，我看重米什莱的建议胜过他的，而且我必须做出选择，二者当中我应该跟从哪一个。"凡·高当时正在重读米什莱的《爱》（L'amour）与《论女性》（La femme）〔186〕。

"这种动力,这种迄今为止最为一致地团结起法国和世界的动力,不亚于《福音书》。法国经历了这些,而就我所知,其他民族从未有过这种经历。"

儒勒·米什莱,《法国大革命史》1868 年版序言

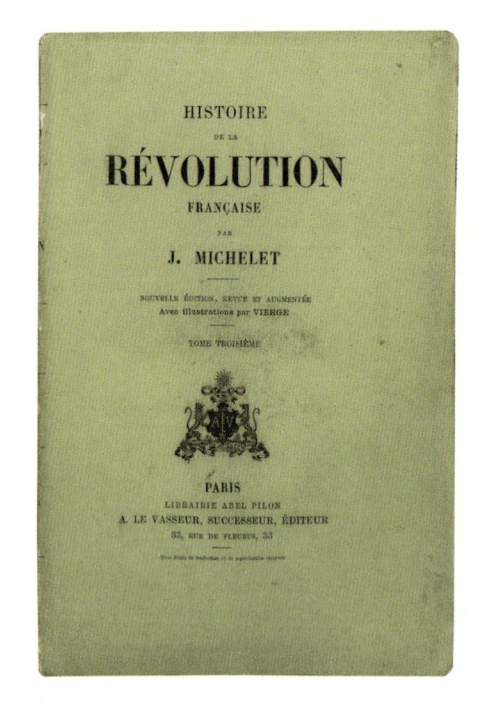

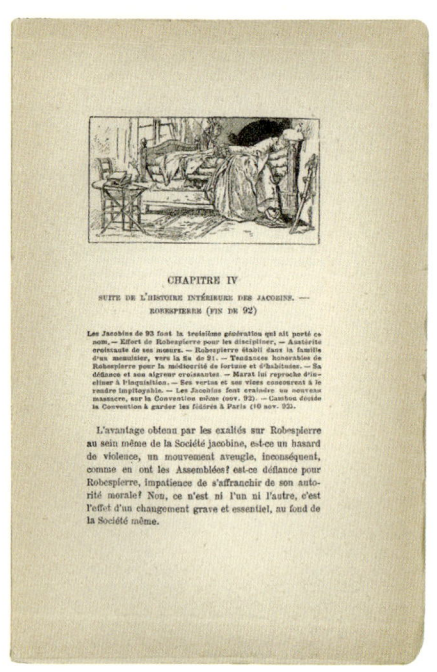

儒勒·米什莱
《法国大革命史》,九卷本,1847—1853 年
丹尼埃·维耶热插图
Paris: Le Vasseur, 1868 年序言

言。凡·高在他的肖像画"革命"中,也将人民的面孔放在画面中心,让他们成为自己绘画作品中最宏伟的主角。

第二位对凡·高产生影响的重要思想家是维克多·雨果,他是欧洲最重要的浪漫主义作家之一。"刚刚过去的这个冬天,我稍微研读了雨果的一些作品,有《死囚末日记》,以及一本关于莎士比亚的书,论述非常优美。我对这位作家的钻研很早就开始了。他的作品就像伦勃朗的画一样优美。莎士比亚之于狄更斯或雨果,就像雷斯达尔之于杜比尼[1]、伦勃朗之于米勒。"[158]《死囚末日记》(*Le dernier jour d'un condamné*)最早于1829年匿名出版,激烈地呼吁废除死刑。这个故事极其动人,是一个即将被剥夺生命的人——等待行刑的囚犯——写下的日记,而这个囚犯永远不知道哪一天会是他的最后一天。书中的每一页都包含着对哲学、人道和政治的思考,用这个囚犯的简洁语言娓娓道来。囚犯清晰地记叙了一位神父的来访:"不过这位老人〔神父〕对我说了什么呢?没有一句话是真诚的,也谈不上亲切,更谈不上打动人心;没有一句话是发自肺腑的;没有一句话是直抒胸臆、直抵我内心的;没有一句话是专门为我说的。"很显然,"监狱里的专职神父"无法为被判死刑的人提供内心的安宁。这位死刑犯继续用令人动容的申诉进行他的独白:"哦,如果他们这样做,情况会有所不同:派来一位年轻的牧师,或是第一次负责教区的年长牧师。或者找正在壁炉的一角读书、无所期待的神父,对他说:有一个人,他就要死了,你就是那个一定能使他得到安慰的人。"

凡·高在给提奥的信中还引用了雨果的一部作品,其主题与《死囚末日记》截然不同,但是同样具有强烈的感染力——一本名为《莎士比亚论》(*William Shakespeare*)的"非常精彩"的书。雨果在书中以这位伟大的游吟诗人为例,开启了关于每个时代的"天才"的讨论。他所列出的形形色色的名单不仅包括作家,还包括科学家、画家、音乐家和《圣经》的作者——荷马、埃斯库罗斯、约伯、但丁、米开朗琪罗、拉伯雷、塞万提斯、莎士比亚、伦勃朗、以赛亚、贝多芬,甚

---

1 雷斯达尔(Ruisdael,1628—1682),17世纪荷兰著名风景画家,也是荷兰古典主义风景画的先驱。杜比尼(Daubigny,1817—1878),法国巴比松画派的风景画家,被认为是印象派的重要先驱。(编辑注)

至还有伽利略和牛顿，他说："崇高的艺术都是平等的。杰作之间没有高低先后之分。"凡·高完全认同这个观念，他书信中的绘画和文字内容并驾齐驱，与如下观点完全一致：各门艺术并不是相互分离的存在，相反，它们之间的密切关系赋予了彼此更大的力量。重要的不是艺术家表达的手段，而是表达的内容。

这些充满了革命性思想的书籍，对凡·高来说无比珍贵，其中不可或缺的一位作者就是狄更斯，他是维多利亚时代最伟大的小说家。而我们将会看到，他也是凡·高终其一生不断重读的作者。狄更斯是颠倒角色的高手，他让孩童成为"道德"教师而不是受教育的学徒，成为榜样而不是模仿者。他将小说的背景设定在伦敦"极其穷困"的地区，通过对城市的凄惨穷困和犯罪的描述，清晰地呈现日常生活中的政府腐败、罪恶和不公[98]。在大西洋彼岸，斯陀夫人也处理着类似的题材，她的小说《汤姆叔叔的小屋》(*Uncle Tom's Cabin*，又名《黑奴吁天录》)帮助美国乃至全世界的人们树立了反奴隶制的意识。米什莱在其著作《爱》(*L'amour*)的序言当中，说她是"写出了这个时代最伟大作品的女性，其作品被翻译成所有的语言，被全世界的人阅读，已经成为一个民族的自由福音"。

接下来，大概有一年的时间，凡·高完全投入到阅读当中，他选择的书籍都有一个共同的主题，映照出自身的思想转变。在产生巨大的个人怀疑，并强烈反对既成的、充满"偏见与习俗"的"宗教体系"的时候，他转而寻求一种"现代福音"[155]。浪漫主义作家米什莱和雨果都是其中的巨擘，他们倾向于将个人从宗教和社会秩序所施加的条条框框当中解放出来。他们歌颂激情的正当性，歌颂幸福的权利，批判一切阻碍时代精神发展的障碍。通过阅读他们的著作，凡·高发展出全新的道德框架，并在此基础上勇敢地展开了自己的新生："我是一个充满激情的人，我也容易去做一些愚蠢的事，有时候我会对此感到非常抱歉。……要怎么办呢，一个人必须觉得自己是一个危险的人、一个一事无成的人吗？我不这么认为。不过重要的是，要用尽一切办法，让这些激情发挥好的作用。"[155]不久以后，他会拾起画笔，决定成为一名画家。他在1880年9月对提奥写道："现在我开始上手了，我的画笔也开始听我的话了，而且似乎越来越听话。"[158]

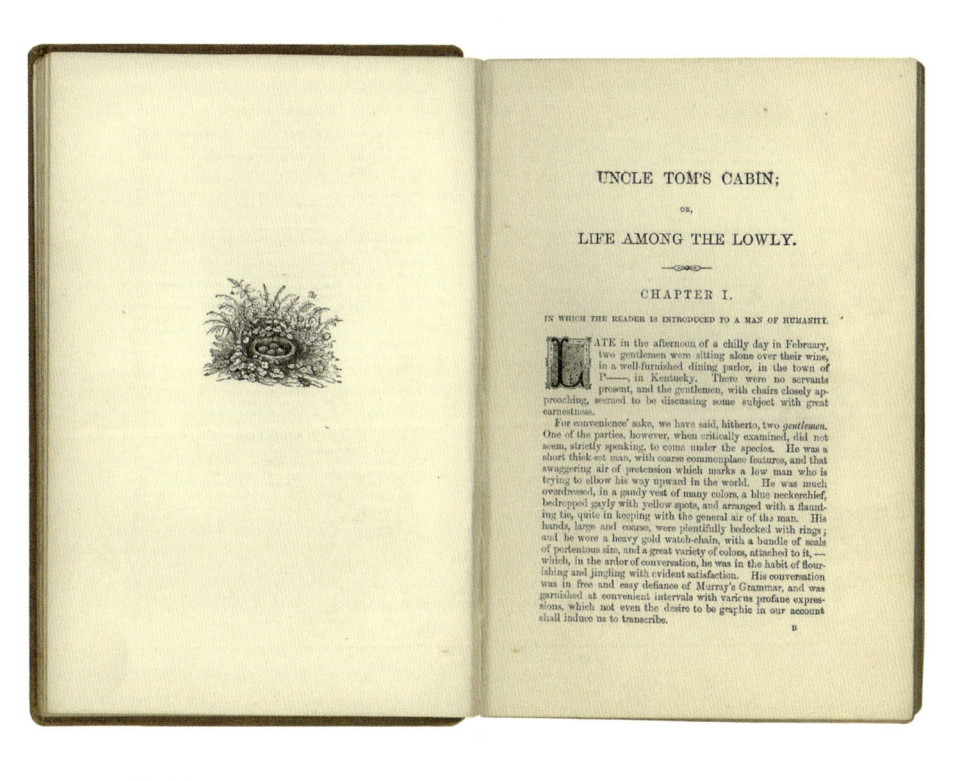

斯陀夫人
《汤姆叔叔的小屋》，1851—1852 年
艾顿·塞明顿插图
London: Routledge & Sons, c. 1880

"看看米什莱和斯陀夫人，他们并没有说福音不再有效，但是他们帮我们理解了，在今天，在这个时代，在我们如今的生活中，比如对你我而言，福音有多么适用……福音书仅仅简单地低声告诉我们的事情，米什莱却大声地全部说出来，斯陀夫人实际上和米什莱做了同样的事。"
给提奥的信，埃滕，1881 年 11 月 23 日〔189〕

凡·高
《身负重担的人们》
铅笔、棕色和黑色墨水钢笔、白色和
灰色水粉,(原为)蓝色直纹纸
47.5cm×63cm
布鲁塞尔,1881年4月

第一章　从传教士到画家

在绘画指南的帮助下，凡·高画了数不清的速写——对于每一个新手画家来说，这种练习都是极为重要的。[1] 他第一张充满艺术雄心的画作是《身负重担的人们》(The Bearers of the Burden)，描绘了矿工的妻子。在一封信中，他向提奥描述了这幅画，这封信寄自布鲁塞尔——凡·高听从了提奥的建议，于 1881 年迁居布鲁塞尔，拜访了画家安东·凡·拉帕德，并在皇家美术学院参加了绘画课程。

在这幅画中，三位矿工的妻子被一袋袋煤渣的重量压弯了腰。她们穿着木屐，肩部绷得很紧，慢慢地向前走，明显十分疲倦。走在最前面的女人照亮了荒野上的前路。在背景中，矿上的高桥将天空分割成不太平均的两半。画面右侧有一棵长满树瘤的树，上面挂着耶稣受难像。在远处有两座教堂，一座可能是新教的，另一座是天主教的。画的标题用白色水粉写在右下角，就在锄头的正背面，其名称将我们指向了次经《加拉太书》第 6 章第 2 节："你们各人的重担要互相担当，如此，就完全了基督的律法。"这件作品是我们所能找到的唯一证据，印证了凡·高从传教士到画家的转变。

凡·高于 1880 年 8 月从博里纳日的矿区给提奥写了一封信，充满了动人的诗意和人道的关怀〔155〕。这封长达数页的信是凡·高人生的一道分水岭，也为我们揭示这位未来画家的创作过程提供了关键要素。在博里纳日，在"贫穷这所最好的大学里的免费课堂上"，凡·高将自己完全投入到阅读、写作和绘画当中——他的整个余生都将以它们为主要支柱。

1　凡·高之前在海牙工作时的上级特尔施泰格先生，曾"如此慷慨地"借给凡·高一本夏尔·巴尔格的《绘画教程》(Cours de dessin)，以及（很有可能是）一本阿尔芒·泰奥菲勒·卡萨涅的《绘画指南》(Guide de l'alphabet du dessin)〔158〕。

Waarde Theo,

Hierby een krabbeltje dat ik
in de volksgaarkeuken maakte
van ― soep verkoopen.
Dit gebeurt in een groot portaal waarin het lic
valt van boven door eene deur regts.
Ik heb nu eens dit geval op het atelier teru
gezocht. In 't fond een wit scherm gezet en
het raam daarop geteekend en de proportie
en afmetingen die het in werkelykheid heeft
het achterste raam digt en het middelste raam
van onderen digt. Zoodat het licht valt uit P.
net als op de bewuste plaats zelf.
Ge begrypt dat als ik nu de figuren daar
komt poseeren ik ze precies zóó terugkrygen
in de werkelyke volksgaarkeuken.
Ge ziet de plaatsing op 't atelier hierboven.
Om het te teekenen vak heb ik nog een lystje
getrokken Natuurlyk kan ik
om figuren ducken nu naar de poses
zoo lang en zoo veel en
zoo precies als ik wil. Steeds toch trouw blyve
in 't groot aan wat ik heb gezien.
Dit nu zou ik b.v. wel weer eens als aquarel wille
probeeren. En er eens goed op letten om het een eind
ver te krygen. Het komt my voor dat van het figuren
ook meer mogelyk wordt op 't atelier. Vóór de vranden
toen ik dezen zomer wel eens geprobeerd het ging het
my zóó dat de figuren voor neutrale donkkere
kregen dat men den lust om te schilderen met d erk
voelde. Het schilderachtige ging er om zo zegge
uit zoodra zy in dat sterke licht kwamen.

第二章

艺术与生活

"书籍、现实和艺术,对我来说就是同一种东西"

  1881年12月,凡·高搬到了海牙——荷兰先锋派艺术的中心,他将在这里度过不到两年的时光。当时凡·高已经在比利时的乡村待了八个月,通过画乡下的工人来研究人物画,他现在迫切地想要住在文化更为活跃的环境中。他渴望拜访艺术家同行,渴望成为海牙博物馆的常客——当年他还是古庇尔公司荷兰分公司的年轻职员时,就非常熟悉那些博物馆。凡·高开始参加知名画家安东·莫夫的绘画课程,莫夫是他的表妹夫,也是海牙画派的奠基人之一。凡·高艺术生涯的一个全新篇章和重要阶段就此开始。当时他创作了第一批静物油画,也第一次用水彩进行试验,最终成为精通水彩的大师。凡·高和他的新老师一起,开始探索"颜料的神秘之处……水彩在表现空间和空气感方面的绝妙之处,让人物成为环境的一部分,为画面注入生命"〔192〕。在那之前,他在绘画中还只是很小心地尝试使用色彩。而自那时起,他开始勤奋地在各个方面进行练习,无论是在室内还是户外,无论是画人像、城市景观、自然风光还是附近席凡宁根的海景,他都以顽强的决心面对每一个新挑战。

  新一年的年初,在莫夫的推荐下,凡·高成为一个画家组织"普仕里工作室"(Pulchri,意为"美")的普通会员。凡·高在那里终于可以开始照着真人模特绘画,每周画两个晚上,不收费。他由此得以接触到海牙画派的其他画家,比如泰奥菲勒·德·博克、贝尔纳·布隆默斯和年轻的乔治·布雷特纳。他们结下了深厚的友谊,"午夜时分"在海牙的贫民区"四处游荡",寻找新的场景以供日后研究〔211〕。

对凡·高来说，这是一段有着强烈的刺激和文学大发现的时期。海牙是荷兰政府的所在地，是亲法派的温床，在这座繁荣城市的书店里，肯定不会缺少新出版的书籍。这一时期也是凡·高完全投入"真正的"现实主义的开始，他在新生活中也实践着这种现实主义。凡·高已经将妓女西恩·霍尔尼克带回了家，他想和她结婚以帮她脱离苦海："一个怀有身孕的女人，冬天里还在街上游荡——她必须自己挣饭吃，你可以想象她能怎么做……我只能带她回来。"[224]他在1882年5月给提奥的信中如是说，并用米什莱的《论女性》(*La femme*)来为自己的行为辩护。凡·高与西恩的新生活，让他和家庭及朋友的关系变得紧张，而他显然感觉，至少要让亲爱的弟弟接受他的选择。此时，米什莱的《论女性》帮了他的忙。在米什莱看来，女性是一株脆弱的植物，应该受到男性的照护和珍爱；女性只有在男性的引导下，才能在残酷的现代世界中找到幸福。自青春期开始，凡·高兄弟二人的很多想法就受到了这个观点的影响。凡·高一直将它看作一种"启示"，并在1874年向提奥推荐了米什莱的另一本著作《爱》："写信告诉我，你是否已经开始读米什莱了。"[026]

凡·高在他描绘西恩的素描《悲伤》(*Sorrow*)中引用了米什莱的《爱》："世界上怎么竟会有女人是孤单一人呢——遭到抛弃。米什莱。"凡·高将自己的签名隐藏在画面左边的草丛里。他用画将这句话形象化，还加上了"遭到抛弃"这层含义。《悲伤》是凡·高最动人的素描之一，它向人描绘了一位遭到抛弃的母亲，而这乍一看是看不出来的。画中的西恩将自己的身体弓起来，虽然她只有两个月就将临盆，但人们并不会立刻注意到她怀孕了。她没有笑，没有看向我们，没有希望，也没有梦想，就像经典肖像画中众多怀孕的女性一样。比如伦勃朗的《犹太新娘》(*The Jewish Bride*)，它是凡·高的精神画廊的藏品之一。在这幅画面前，他会长久地驻足，心中充满钦慕。1877年，他和提奥在阿姆斯特丹看过这幅画。¹法国艺术批评家泰奥菲勒·托雷写有指南读物《荷兰博物馆》(*Musées de la Hollande*)，此书内容丰富、激情洋溢，

1　伦勃朗的《犹太新娘》(1665—1669)在1885年6月30日前一直陈列于阿姆斯特丹的凡·德·胡普博物馆(Museum van der Hoop)，之后则迁往新建的荷兰国立博物馆。凡·高和提奥1877年参观了凡·德·胡普博物馆〔111〕。

凡・高
《悲伤》
铅笔、钢笔、墨水，纸
44.5cm × 27cm
海牙，1882 年

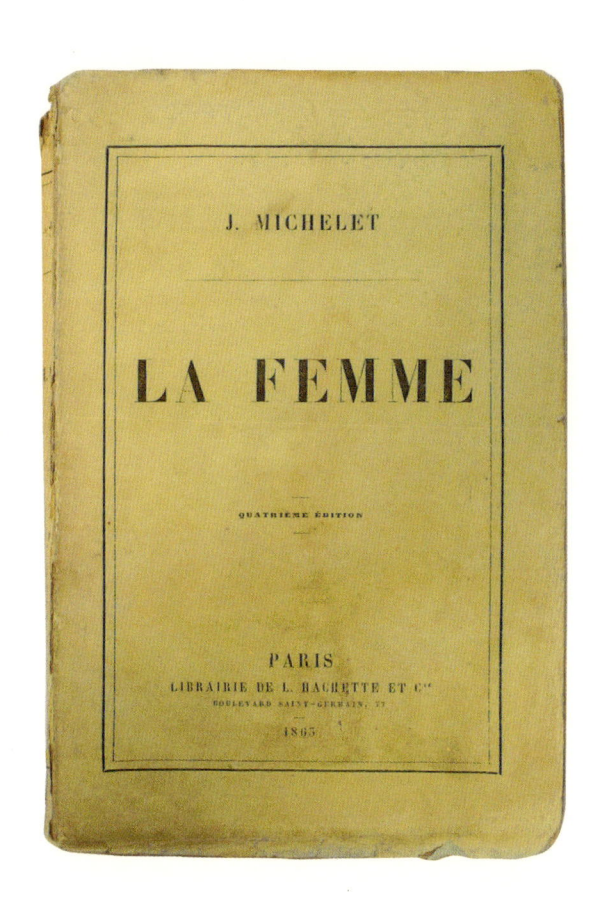

儒勒·米什莱
《论女性》，1860 年
Paris: Librairie Hachette, 1863, pp. 63, 67

"如果一个女性没有家，没有庇护，那她就是死了……自然令生命成为一个牢不可破的三重纽结：男人、女人和孩子。我们孤独地死去，唯一的救赎就在于结为一体。"
米什莱《论女性》

［原作者］海伦·(阿林厄姆)·佩特森
《多洛罗萨》(*Dolorosa*，意为"多苦多难")
《图画报》，1874年6月13日
为雨果《九三年》所绘插图

"我在《图画报》上看到佩特森画的一幅人像，
是为雨果《九三年》所绘的插图，名字叫《多洛罗萨》。
我一下子就被它吸引住了，因为画中的女人很像我当时
看到她的模样。"
给安东·凡·拉帕德的信，海牙，1883年2月8日〔309〕

他在其中用长达数页的篇幅赞美这件作品,说画中的女性"平静而又容光焕发"。这些凡·高都知道。但与伦勃朗相反,在《悲伤》中,凡·高向我们呈现了一位未曾被人注意到的裸体女性:不幸,贫穷,有着所处时代的烙印。她是一个妓女,但是画作本身并未提及这一点。凡·高向同行兼朋友凡·拉帕德描述自己的新伴侣时,让对方去看自己曾在《图画报》(*The Graphic*)上见到的一幅插图,出自英国水彩画家海伦·(阿林厄姆)·佩特森之手:"我一下子就被它吸引住了,因为画中的女人很像我当时看到她的模样。"〔309〕凡·高的这幅《悲伤》是一个令人印象深刻的例子,表明了文学、艺术和生活如何成为其作品的构成部分:"书籍、现实和艺术,对我来说就是同一种东西。"〔312〕

抵达海牙后不久,凡·高开始收集法国和英国插画,尤其是伦敦"带插图的周报"《图画报》:"我以很便宜的价格买到了《图画报》中一些非常棒的木版画,其中有些绝非普通的铅版印刷品,而是用的原有的雕版。它们就是我多年来想要找的作品。其中有赫科默、弗兰克·霍尔、沃克[1]等人的素描。我是从犹太书商勃洛克那里买到的,我从大堆大堆的《图画报》和《伦敦新闻》当中选出了最好的,只花了5荷兰盾。这些作品中有些质量绝佳,包括菲尔德斯[2]画的《流离失所和忍饥挨饿的人》(画的是一些在夜间庇护所外面等待的穷人)。"〔199〕"穷人",就像西恩那样,如"一只温顺的鸽子"那样依恋他,同时也充满耐心地为他做模特——现在成了凡·高素描的主题〔224〕。我们在《施粥所》(*Public Soup Kitchen*)这幅作品中看到了西恩的母亲,西恩6岁的女儿,以及刚出生的孩子。这种"真实生活"的现实主义,他的新"家庭",在将近两年中成为凡·高最宝贵的创作源泉。在这幅大尺寸的素描中,他让所有人都在自己的画室中摆好姿势,重建了一个他在海牙街头目睹的场景。一道白色的隔板矗在背景中,凡·高"按照现实中的比例

---

[1] 休伯特·冯·赫科默(Hubert von Herkomer,1849—1914)、弗兰克·霍尔(Frank Holl,1845—1888)、弗雷德里克·沃克(Frederick Walker,1840—1875),都是英国的社会现实主义画家。(编辑注)

[2] 塞缪尔·卢克·菲尔德斯(Samuel Luke Fildes,1843—1927),英国社会现实主义画家、插画家,与赫科默、霍尔是朋友。1869年加入《图画报》,同年为一篇与伦敦《大都会无家可归者贫穷法案》(Metropolitan Houseless Poor Act)有关的文章配图,即《流离失所和忍饥挨饿的人》(*Houseless and Hungry*)。该法案要求济贫机构为穷困无家可归者、流浪者和弃儿提供临时住所。图画描绘的正是一群人在排队申请住宿门票。(编辑注)

塞缪尔·卢克·菲尔德斯
《流离失所和忍饥挨饿的人》
《图画报》
1869年12月4日

和大小,画了那个递食物的小窗口"[323]。在一封写给提奥的信中,开头一幅生动的速写向我们展示了凡·高的亲眼所见(参见第43页)。

  这些艺术创作的主题来自大城市的生活,来自凡·高早年在古庇尔公司伦敦分部工作时的见闻,十年来一直是凡·高视觉珍藏的组成部分。事实上,他住在伦敦的时候,每个星期都会路过《图画报》印刷商的展示柜",去看看"当周发行的报纸",他在一封写给凡·拉帕德的信中回忆道,"我当时在那儿留下极其强烈的印象,以至于那些素描在我脑海中始终清晰且鲜明"[307]。他那时已经十分熟悉这些插画师的作品,而在海牙,他的收藏又迅速增长。1882年6月,他向提奥报告了这件事:"我还得告诉你,我对木版画的收藏进展顺利,我觉得这些收藏是属于你的,尽管现在归我使用。"[234]提奥那时已经开始对他进行经济上的支持,每月给他一百五十法郎的生活费,分三期支付。那时,他拥有"至少一千张版画",这些画作可以说是取之不尽的资源,

凡·高
《施粥所》
黑色粉笔、黑色颜料、笔刷、白色水粉，水彩纸
56.5cm × 44.4cm
海牙，1883 年 3 月

第二章　艺术与生活

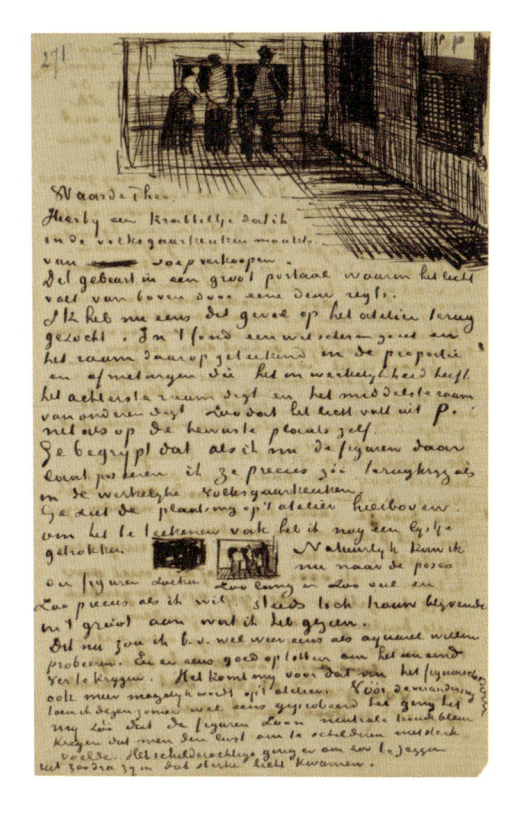

凡·高给提奥的信
21cm×13.3cm
海牙，1883年3月3日

为他提供了创作灵感，也是教学用具和档案资料。后来，他还剪下那些最吸引他的图画，将它们贴在灰色、棕色或绿色的粗糙纸板上，再用文件夹整理好，这样他日日夜夜都能欣赏它们（参见第56、57页）。他研究这些画作的每个方面，试图破解单个人物像、复杂构图，以及"正在做某些活计"的人物群像的秘密，后者最令他困惑："在其中表现生命和动作该有多困难啊。"[264] 不过，从这些艺术素材中，凡·高不仅获得了技法上的激励，也在人性的层面得到了鼓舞。他对凡·拉帕德如此写道："在所有的人身上，我看到了一种能量，一种意志力，以及一种自由、健康、生动有趣的心灵，它们激励了我。"[276]

凡·高第一份交给提奥的手写清单题为"木版画"，详细记录了1882年上半年之前购买的作品[235]。这些作品主要是欧洲各种杂志上的插图，来自英国的《图画报》、《伦敦新闻画报》(*The Illustrated*

休伯特·冯·赫科默
《最后的集合：星期天在切尔西医院》
《图画报》，1871 年 2 月 18 日

[原作者] 弗兰克·霍尔
《移民启程，晚上9点15分，
开往利物浦的火车，1875年9月》
《图画报》，1876年2月19日

London News）和《潘趣》（Punch），法国的《画报》（L'Illustration）、《现代生活》（La Vie Moderne）和《世界画报》（Le Monde Illustré），以及凡·高祖国的《荷兰画报》（De Hollandsche Illustratie）。从他编写的这份清单中，我们能看到他为收藏品编目的最初标准。这些画作按主题分类，包括"爱尔兰特色、矿工、工厂、渔民，等等"，风景与动物，田地里的劳动者（米勒）；也按作者分类，包括布雷东、赫科默、鲍顿、加瓦尼、埃德蒙·莫兰、古斯塔夫·多雷，还有一组《潘趣》的插画家，比如乔治·杜·莫里耶、桑伯恩和约翰·坦尼尔，后面补充了约翰·利奇；还有两组进一步细分的主题，包括"人民的头像"（参见第51页），以及"伦敦日常生活情景"和"巴黎和纽约的类似情景"。最后，凡·高又列出了两大类——杂志中的"大幅版画"和《图画报》作品集"，后者"是单独出版的几幅木版画，用的不是印刷版，而是画作原有的雕版，其中包括菲尔德斯的《流离失所和忍饥挨饿的人》"〔235〕。

凡·高收集这些黑白版画的事业，受惠于它们低廉的价格。他在书商那儿找到成捆的世界各地的出版物，从中筛选出最好的，按可能谈到的最好价格收入。虽然吸引他的图像在风格和领域方面多种多样，但是对凡·高来说，它们都给人一种共同的感觉——"真诚"。《图画报》新一代的插图作者关注的焦点绝非夸张的闹剧或人物漫画，他们的作品确实打动了凡·高。最富冲击力的图像——非常直接，有时就像特写镜头一样——往往有两个特点：描绘社会现实主题，有着极富情感的表现力。凡·高最喜欢的插画家包括塞缪尔·卢克·菲尔德斯、休伯特·冯·赫科默和弗兰克·霍尔，这些极富天赋的画家对社会正义事业充满同情，创作出直观的图像，并亲自调查所要表现的对象。事实上，他们不断地发现新的场景并向公众呈现，用严肃坚定的现实主义方式描绘了维多利亚时代伦敦贫困阶层的窘迫境地。

《图画报》的第一期于1869年12月刊印发行，其中的重要作品就是菲尔德斯那幅影响深远的《流离失所和忍饥挨饿的人》。狄更斯认为这幅画极其动人，因此邀请菲尔德斯为他的最后一本小说《德鲁德疑案》（*The Mystery of Edwin Drood*）绘制插图（参见第67页）。《图画报》很快就获得了成功，受欢迎的程度超过了立场较为保守的对手《伦敦新闻画报》。《图画报》的创办者和出版人威廉·鲁森·托马斯，曾是一位经验极为丰富的雕版师，为很多书籍和期刊绘制过插图，其中就包括《伦敦新闻画报》。他思想开明，政治立场先进，立志要将他那个时代的顶级记者、（连载小说）作者和雕版师汇集起来，向读者提供最好的新闻和娱乐。通过首发菲尔德斯的作品——凡·高后来说这是"《图画报》崇高的开端"——托马斯收获了他的第一份荣誉。

托马斯成功的秘诀是什么呢？他的雕版师和制图师可不是单纯的工人，而是自由艺术家。比如，《流离失所和忍饥挨饿的人》就是托马斯委托菲尔德斯创作的作品，题材不限，只要后者觉得合适即可。那种认为报纸就是新闻报道配上相应插图的传统观念，现在完全被改变了。赫科默在后来写作的自传中，回想起自己是如何受到鼓励，进行自由创作的——托马斯对他说："你去找你自己想要的题材就行。"[1]

这种做法所带来的第一个结果，就是这位出版商给予他身边最有

---

[1] Andrea Korda, *Printing and Painting the News in Victorian London. The Graphic and Social Realism, 1869–1891*, p.55.

H. 约翰逊
《在停工期间下到南威尔士的一座煤矿里面》
《图画报》，1875 年 2 月 27 日

天赋的艺术家以充分的自由和特权去提出新主题，并且极大地激发了他们的创造性。在这一全新的创作模式下，本来用于辅助文章的插图经常反客为主，而文字则用来叙述图像中描绘的事件，甚至是描述艺术家创作时的情境。在这方面有一个非常好的例子（或许不多见），就是《图画报》1875 年 2 月（当时凡·高就住在伦敦）刊印的一页，名为《在停工期间下到南威尔士的一座煤矿里面》(Down a Coal Mine During the Lock-out in South Wales，参见第 47 页)。对于这件作品，画家既是探索者也是报道者。这一页包含了几幅小插图。在左上方的第一幅插图中，我们看到画家 H. 约翰逊抵达了现场："我们的画家穿上了矿工的工作服。"借助他的眼睛，我们一步一步地跟着他深入矿井。文章写道："我们的画家和他的朋友、矿井的工头一起，在检查了地面上的设备之后，进入一个笼子，并即刻下降到地下 454 码（约 415 米）的深处，然后脱下他的外套和帽子，换上了矿工的上衣和安全帽……"接下去的几行里，画家本人甚至用第一人称讲述了自己的故事。凡·高在博里纳日也有过类似的独特经验，这种经验深深地震撼了他。在向导的引领下，他们"这次一起下到 700 米的深处，然后进入这个地下世界中最隐蔽的角落"，这座矿名叫"马尔卡斯"，"它名声很坏，因为那里死了人"[151]。凡·高在他的书信中从未评论过约翰逊的这幅画，尽管这页插图也是他的收藏之一。

得益于这种进步的方式，托马斯集结了相关领域中最有创造力的艺术家，而且他一刻不停地推动他们释放最大的潜能。菲尔德斯、赫科默和霍尔——这里仅列举几位较为著名的社会现实主义画家——继而成功成为英国皇家美术学院的成员。赫科默创作了《最后的集合：星期天在切尔西医院》(The Last Muster. Sunday at Chelsea Hospital)，刊登于 1871 年 2 月 18 日的《图画报》(参见第 44 页)。三年以后，他已经是一位著名的肖像画家，他又一次用油画描绘了几乎同样的场景，并在皇家美术学院展览上获得了巨大的成功。此后的数十年间，这幅画一直是广受欢迎的维多利亚时代的绘画形象。画面描绘了在切尔西医院领取抚恤金的老人，他们坐在皇家礼拜堂里。不过，观看者一眼望去并不能立刻看出发生了什么——坐在长凳这端的老人刚刚死去，而他的朋友正在试图寻找他的脉搏。凡·高狂热地推崇这

凡·高
《抱孩子的母亲》
黑色石版画蜡笔、白色和灰色水粉，直纹纸
40.7cm×27cm
海牙，1883年1月至2月

幅画，他在 1883 年 1 月 20 日告诉凡·拉帕德："赫科默非同一般——今天我第一次看到了几幅大尺寸的版画，老年女性的家，老年男性的家……孤儿和出租屋，等等。"〔303〕那是一个特殊的日子，他刚刚买下了梦寐以求的东西——《图画报》从 1870 年到 1880 年这十年间出版的过刊，一共装订成二十一册："我现在拥有了《图画报》。我坐在那儿看它们，直到深夜。"〔303〕他将这些画册视为"艺术家的《圣经》"，"不时翻阅它们，沉浸其中"〔311〕。

在这些如此生动直接、"富有灵魂"〔332〕的作品中，凡·高也确认了自己对"美是什么？"这一问题的看法——这个问题直至今日依然是艺术话语的核心。他写道："真实本身就是美的。"〔450〕凡·高对于美的观念从未改变，而这个观念与他天性当中救世的一面毫不相干：任何东西都不应加以美化。真实始终是最好的。这就是他所有作品的基本原则。他这个时期所作的很多素描都具有高度的表现性，这也来自他本身不加修饰的真实。

1882 年秋天，凡·高在海牙"老年人之家"的老人当中找到了新模特，他们要的报酬低廉又有耐心。"用黑色作画"是他的新格言，他用木匠的铅笔和石版画蜡笔狂热地作画〔297〕。他开始特别将重点放在

"简介说，《图画报》要刊印《美的类型》（大幅女性头像），毫无疑问这是要替代赫科默、斯莫尔和里德利的《人民的头像》。很好，不过有些人可能不会赞赏《美的类型》，而且会忧伤地想起以前那些《人民的头像》（一个系列已经结束了）。"
给提奥的信，海牙，1882 年 12 月 11 日〔293〕

［对页图］
1 休伯特·冯·赫科默
《人民的头像：海岸警卫队队员》
《图画报》，1879 年 9 月 20 日

2 威廉·斯莫尔
《人民的头像：英国粗人》
《图画报》，1875 年 6 月 26 日

3 ［原作者］马修·怀特·里德利
《人民的头像：矿工》
《图画报》，1876 年 4 月 15 日

4 ［原作者］弗雷德里克·莱顿
《美的类型：肖像第 6 号》
《图画报》，1881 年 12 月 24 日

1

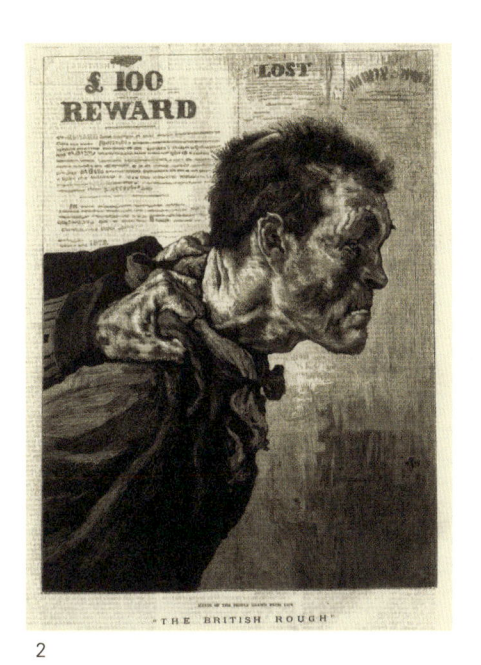

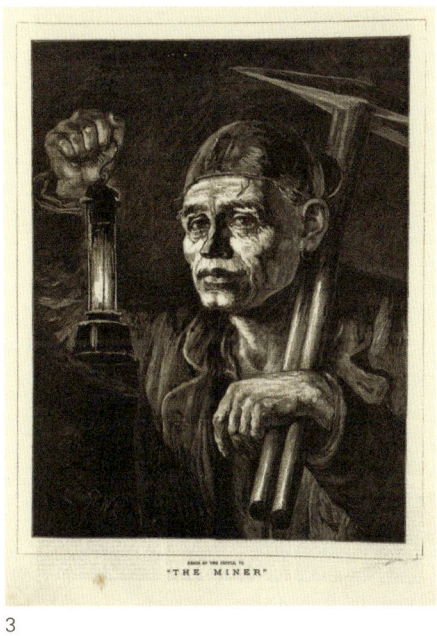

2

3

4

凡·高
《留着络腮胡子、戴着防雨帽的渔夫头像》
铅笔、黑色石版画蜡笔、墨水、笔刷、钢笔，水彩纸
47.2cm×29.4cm
海牙，1882年12月至1883年1月

"我仍然对我的防雨帽非常满意。我很好奇，你能否从这些渔夫头像中找到可圈可点之处。我本周画的最后一幅画，是个留着络腮胡的男人。"
给提奥的信，海牙，1883年1月26日至27日〔305〕

画头像上。在他用荷兰语书写的信中,他为自己的作品选了一个英文标题,称之为"几张'人民的头像'"〔298〕。这个标题与《图画报》上刊印的取材于现实生活中工人阶级群像的系列作品的名称相同,凡·高对这个系列赞叹不已,对它的完结感到悲伤失望。

这项创作计划开启不久,就诞生了一系列渔夫的画像,它们凡·高是"用黑色作画"的非凡实验。通过这些实验,凡·高希望获得"从许多个体中提炼出的典型。那就是最高的艺术"〔298〕。在那时,凡·高已经收集了"一小批工作服,用来供模特穿着"。而这位垂钓者的帽子(是凡·高刚买的一顶防雨帽),很好地表明了这位模特是如何在观看者的眼中变成一位荷兰渔夫的。在这些来自"老年人之家"的模特中,凡·高最喜欢的一位就是年长的阿德里亚努斯·祖德兰,他有一把显眼的大胡子。凡·高好几幅非常精彩的素描都是以祖德兰为模特的,有三幅把他画成了一位正在阅读的人。在其中两幅画中,他都坐着,而在第三幅尺寸较大的画中,他正站着阅读《圣经》(参见第 54 页)。"我现在又画了两幅素描——一幅是一个男人在读《圣经》,另一幅是一个人站在桌边,在午餐前念诵祈祷文。"〔294〕这些素描反映了凡·高对赫科默的《务农者》(*Agricultural Labourer*)的欣赏,他对这幅画十分钟爱,将其从画报上剪下,并粘贴在棕色纸板上。装裱好的版画一直保留到今天(参见第 56 页)。

凡·高筛选收藏了当时最好的素描,以此为起点,他第一次尝试了石版画。报纸上刊载的版画系列令他着迷,同时他也希望能够为版画艺术注入新生命,让他的版画"从人民到人民"进入"每一个工人"的家庭〔291〕。似乎有一段时间,他强烈地渴望向报纸出售自己的作品,而且还漫不经心地提到过将插画师作为谋生的职业:"你知道我常常在考虑什么吗?我想在英国与《图画报》或《伦敦新闻画报》建立合作关系。"〔348〕然而,我们已经知道,他从来没有认真地探索过这种可能性。

凡·拉帕德也"大力"收集木版画和其他版画,凡·高和他一起点评所有的作品,他总是热切地和对方分享自己新得的版画和书籍,和朋友交换。在一封信中,他向凡·拉帕德抱怨"出色的木版画"越来越罕见,他举的例子是法国版画家古斯塔夫·多雷那幅极富感染力的插画《夜间庇护所的读经者》(*Scripture Reader in a Night Refuge*,

"不管怎样,我最近也一直在画素描和水彩,此外我还在街上画速写,还照着模特画了很多人像。最近我经常请'老年人之家'的一位先生给我当模特。"

给安东·凡·拉帕德的信,海牙,1882年9月19日〔267〕

凡·高
《站着读书的男人》
铅笔、黑色石版画蜡笔、白色水粉、灰色水墨,纸
63.8cm×44.2cm
海牙,1882年秋

凡·高
《喝咖啡的老人》
石版画
42.8cm×27cm
海牙，1882 年秋

"或许可以承认,乡村里贫困的老年人有书,但对书知之甚少。然而,如果像这里所描绘的,一位如此有威望的长者能够阅读的话,那我们大概能够肯定,他会把自己的一部分闲暇时光用在阅读家里的旧《圣经》上。"
《图画报》,1875 年 10 月 9 日

"我已经装裱并剪下了《图画报》里的木版画。它们现在排列有序,看起来好多了。"
给安东·凡·拉帕德的信,海牙,1883 年 2 月 23 日至 26 日〔321〕

休伯特·冯·赫科默
《人民的头像:务农者——星期天》
《图画报》,1875 年 10 月 9 日
由凡·高剪下并装裱在纸板上
40.8cm × 30.6cm(装裱后尺寸)

[原作者]古斯塔夫·多雷
《夜间庇护所的读经者》
《天主教画报》，第 6 期，1872—1873 年
由凡·高剪下并装裱在纸板上
29.1cm×40.2cm（装裱后尺寸）

"我们停在一个院子的入口，里面有亮光，几分钟后我们就身处一群衣衫褴褛、筋疲力尽的人当中，他们被收进庇护所……此时，所有人都躺在床铺上，一位读经者正在诵读，我们希望他能为这些备受折磨的灵魂带去安慰。"
古斯塔夫·多雷和威廉·布兰查德·杰罗尔德，《伦敦——一次朝圣之旅》第 18 章

"前几天我看到了多雷描绘伦敦的完整作品——我得说，它们真是美极了，有着崇高的情感——比如你有的那幅关于收容乞丐的夜间庇护所的画。"
给安东·凡·拉帕德的信，海牙，1882 年 9 月 19 日〔267〕

参见第 57 页），这幅画刊印在《伦敦——一次朝圣之旅》（London — A Pilgrimage，1872）一书中。凡·高一直没能得到这本书——在海牙，书商"开价 759 荷兰盾，但是我可付不起"〔234〕，他如此告诉提奥。尽管如此，他在很长时间里都十分仰慕这本杰作，它对维多利亚时代中期伦敦的贫困和悲惨所做的描述是里程碑式的。这本书是多雷和英国记者威廉·布兰查德·杰罗尔德合作的成果，两位作者夜以继日地走遍了这座拥挤大都市的每个角落——庇护所、鸦片屋、廉价出租屋。这项创作耗时四年才得以完成，其中多雷创作了一百八十幅版画。尽管凡·高买不起这本书，但他确实收藏了书中的某些图画，这些作品曾登载于荷兰期刊《天主教画报》（Katholieke Illustratie）中，那幅《夜间庇护所的读经者》也在其中。[1]

凡·高一直都是一位贪婪的读者，在海牙充满活力的文化氛围中，他完全被"现代法国作家"迷住了，这些活跃的艺术家令他感觉到了自己与时代之间的联系。他开始进行更偏重文学的阅读，而这正与他的新生活同步，摆脱了他过去那种道德化的色彩。1882 年夏天，他发现了埃米尔·左拉——法国自然主义文学之父。法国自然主义运动根植于现实主义，更加关注无产阶级的生存状况。在包含二十一部小说的鸿篇巨制《卢贡－马卡尔家族：第二帝国时期一个家庭的自然史与社会史》（Les Rougon-Macquart, histoire naturelle et sociale d'une famille sous le Second Empire）中，这位法国作家呈现了一幅广阔的当代社会全景，并从社会学的视角进行了科学的观察和严谨的记录。在作品中，左拉为生活中的悲惨境遇赋予了声音和实体。小说的背景设定充满活力和生机，凡·高在 7 月 6 日给提奥的信中写道："在左拉的《爱情一页》中，我发现有好几处对城镇风光做了极其精湛的描绘……而正是这本小书令我毫不犹豫地阅读了左拉的全部作品……"〔244〕

《爱情一页》（Une page d'amour）是《卢贡－马卡尔家族》系列的第八本，书中有很多关于法国首都巴黎的描写，富于艺术性的散文语言赋予了这些描述一种诗的氛围，而巴黎也常常跳到读者面前，就好像它是故事中的一个人物："那天早晨，巴黎从睡梦中醒来，带着慵

1　1877 年 1 月，凡·高在给提奥的信中写道："如果你能订得起——我要付得起我肯定订了——那就订一份今年的《天主教画报》吧，它刊登了多雷关于伦敦的版画……"〔101, 注释 25〕。

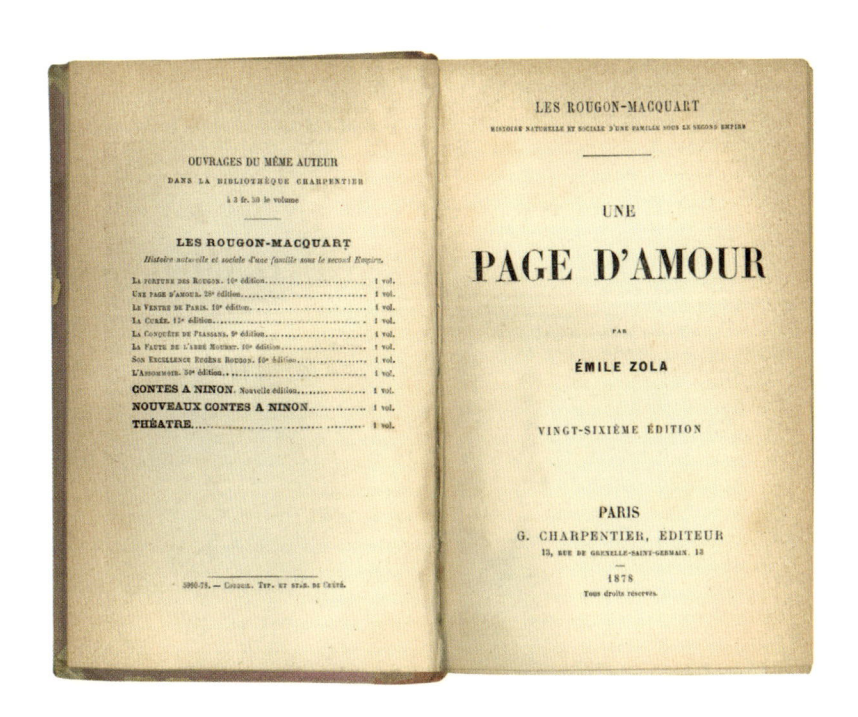

埃米尔·左拉
《爱情一页》扉页
Paris: Charpentier, 1878

"我已经读过了《娜娜》。听我说，左拉简直就是'巴尔扎克二世'。'巴尔扎克一世'描绘的是1815年至1848年间的社会。左拉在巴尔扎克停止的地方开始，继续描写至色当战役[1]，事实上一直写到现在。我认为这本书实在是好极了。"
给提奥的信，海牙，1882年7月23日〔250〕

---

1 色当战役，发生于普法战争时期1870年9月1日。（编辑注）

"我们非常粗略地描绘了这个主题,不仅是受我们的局限所迫,还是因为,若进一步追究的话,那将令人痛苦并感到厌恶。"
狄更斯,《博兹札记》

查尔斯·狄更斯
《博兹札记》扉页
乔治·克鲁克香克插图
London: Chapman & Hall, 1881

凡·高
《穷人与钱》
黑色粉笔、水粉、墨水、钢笔，横纹纸
37.9cm×56.6cm
海牙，1882年10月

"在我看来，英国的制图师就相当于文学领域里的狄更斯。这是同一种情感，高尚而又健康，一个人总是会回归这种情感。"
给安东·凡·拉帕德的信，海牙，1882年9月中旬〔267〕

懒的微笑。目力所及,大量的水汽沿着塞纳河,笼罩着两岸。"这种独特且颇富创新性的方式深深地打动了凡·高。受叔叔科尔的委托,他自己也画了一些海牙的美丽风光。

左拉立即远超凡·高喜爱的一众作家,成为他在信中引用最多的一位作者。正如对待绘画一样,凡·高一头扎进了这场全新的文学运动当中。那个夏天,他完全沉迷于左拉的作品,读了左拉刚出版的所有小说,将其视为巴尔扎克的继承者:"左拉简直就是'巴尔扎克二世'。"〔250〕从凡·高的书信中,我们可以知道他最初读过左拉的哪些作品:《巴黎之腹》(*Le ventre de Paris*)、《娜娜》(*Nana*)、《欲的追逐》(*La curée*)、《卢贡大人》(*Son Excellence Eugène Rougon*)、《莫雷教士的过失》(*La faute de l'Abbé Mouret*),以及《小酒店》(*L'assommoir*)。几乎所有这些作品都在小说《爱情一页》当中有所提及——左拉在《爱情一页》中首次公开了令人印象深刻的家族谱系(arbre généalogique)。

凡·高发现自己与左拉的世界观完全一致。他们都不会对周遭日常生活中的残酷现实或源自其中的题材加以粉饰或理想化。原原本本的现实就是他们作品的核心。1883 年 7 月,凡·高读了左拉讨论艺术的文章《艺术时刻》("Le Moment artistique"),该文收录于左拉的文艺批评著作《我的憎恶》(*Mes Haines*)中。左拉在《我的憎恶》中反思了艺术创造的一个重要方面,并超越了"现实主义"的范畴:"'现实主义'(réaliste)这个词对我来说毫无意义,我宣布,现实服从于禀赋。"因此,在左拉看来,一部"艺术作品就是通过禀赋看透创作的一角"。简言之,左拉认可经由艺术家个体的禀赋对现实进行的转换(并将其看作艺术真实的一部分)。凡·高并没有对这段话直接评论,但是通过他的字句我们可以看到,左拉的文字让他坚定了自己的信念。1885 年,他给提奥写信谈及自己创作《吃土豆的人》(*The Potato Eaters*,参见第 80 页)时,力图捕捉光影的效果:"我们并不总是完全精确地——其实从未精确地——通过我们的禀赋而认识自然。"〔492〕《卢贡-马卡尔家族》的作者身上同时存在着两个截然相反的灵魂——一个循规蹈矩,另一个则创意无穷——这也影响了凡·高的艺术道路。

凡·高发现,将自己遇到的各种题材联系起来其实非常容易。而

第二章 艺术与生活

且对他来说,绘画和文学是共同进行的。他希望自己画的城市速写呈现在纸上时,带着左拉文字的力量和狄更斯作品中真实的力量:"狄更斯本人有时候也这样表达:'我已经粗略地描绘(sketched)了。'"〔232〕在一封用荷兰语写给提奥的信中,他在这个英文词下面画了线。这个词来自狄更斯的短文集名称《博兹札记》(Sketches by Boz,Boz 是狄更斯年轻时用的笔名),文集"粗略地描绘"了伦敦的城市生活,"图解了日常生活和平凡的人"。这是一本"文字的速写",凡·高在海牙街头创作的速写与之异曲同工——他画的是大幅的水彩,比如《穷人与钱》(The Poor and Money),描绘很多人围在赌博的摊位门前,买荷兰国家彩票试试手气。凡·高给提奥写道,他被"他们脸上期待的表情"打动了,这些"贫穷的灵魂"买了彩票,用的却是"忍饥挨饿省下来的小钱"〔270〕。

狄更斯毫无疑问是凡·高最喜欢的英国作家——狄更斯有着极其深切的情感,有力地谴责了他那个时代的伦敦出现的种种不公与贫穷。凡·高也极度渴望看到狄更斯新版作品或文集中搭配的所有新插画。从一封凡·高写给凡·拉帕德的信中,我们可以知道他也读了狄更斯小说的法文版:"这个星期我买了一本新出的平价版的狄更斯《圣诞颂歌》和《着魔的人》("Chapman & Hall"出版)……我觉得狄更斯所有的作品都十分优美,但这两本故事集尤其动人——我还是个孩子的时候,几乎每年都会重读它们,而它们总是常读常新……在我看来,没有哪位作家比狄更斯更像画家和制图师了。他就属于那种作家,能够令笔下的人物在现实中活过来……哦,我几乎集齐了狄更斯作品的法文版,翻译是在狄更斯的亲自监督下完成的。"〔325〕

这位有着"真实"感受的无神论者的话语持续影响着凡·高,也成为他的人生旅伴。他几乎把狄更斯的《圣诞故事集》都背下来了。《圣诞故事集》包含五本中篇小说,最初于 1843 年到 1848 年之间在伦敦陆续出版(凡·高出生于 1853 年)。伦敦的出版方"Bradbury & Evans"总是在圣诞节期间推出它们,红色布面装订,封面上有烫金的标题。狄更斯 1870 年去世以后,在 1871 年到 1879 年之间,伦敦的"Chapman & Hall"出版了《狄更斯作品集》套装,包含二十一卷小说,配有全新的插图,凡·高引用过好几次。在这套全集里,《圣诞故事集》

查尔斯·狄更斯
《圣诞故事集》五本，首版：
《圣诞颂歌》，1843 年
《教堂钟声》，1844 年
《炉边蟋蟀》，1845 年
《人生的战斗：爱的故事》，1846 年
《着魔的人》，1848 年
London: Bradbury & Evans

［对页上图］
约翰·利奇
《约翰的幻想》
狄更斯《炉边蟋蟀》插图
London: Bradbury & Evans, 1845

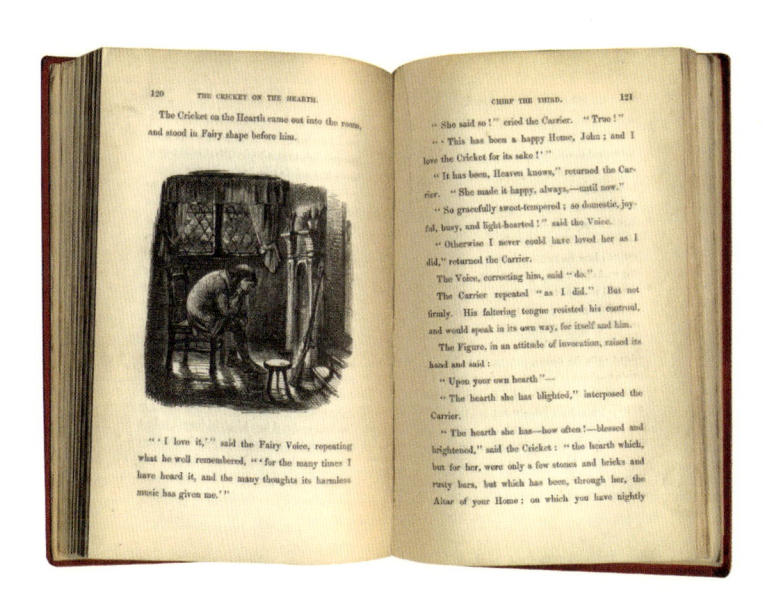

［下图］
凡·高
《精疲力尽》（速写，附在一封给提奥的信中）
钢笔、铅笔、墨水、水彩
13.5cm×20.9cm
埃滕，1881年9月中旬〔172〕

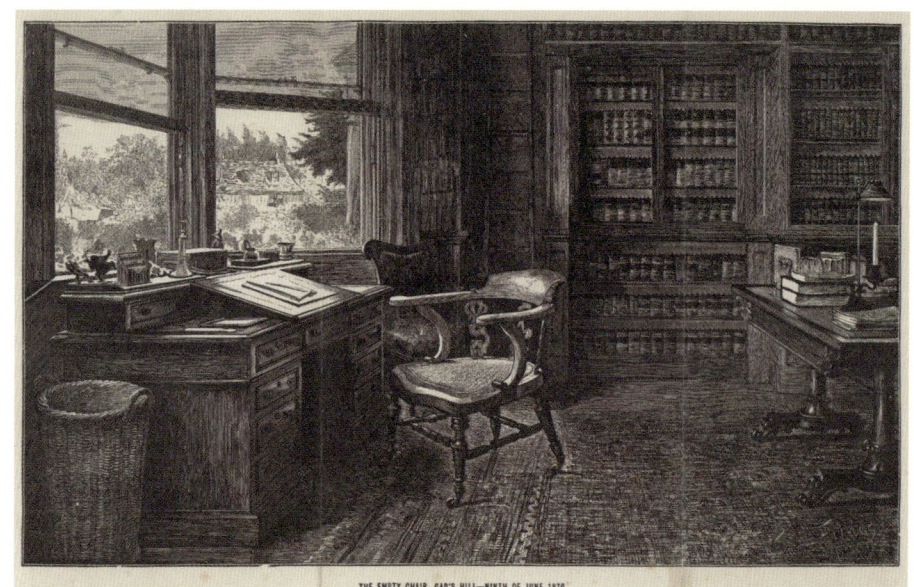

塞缪尔·卢克·菲尔德斯
《空椅子》(盖德山,1870年6月9日)
《图画报》,1870年圣诞特刊

"《图画报》刊登了那幅引人注目的素描
《空椅子》

空椅子——早晚会有很多、更多的人取代赫科默、卢克·菲尔德斯、弗兰克·霍尔和威廉·斯莫尔等人,而最后只有空椅子。"
给提奥的信,海牙,1882年12月11日〔293〕

塞缪尔·卢克·菲尔德斯
《睡一觉就好了》
狄更斯《德鲁德疑案》插图
（此书还有菲尔德斯的十二幅插图，以及一幅肖像）
London: Chapman & Hall, 1870

的五本小说合订为一册，配有弗雷德里克·巴纳德所作的插图（参见第 185 页）。[1]

凡·高知道这些早在自己出生前就已于伦敦出版的狄更斯著作吗？他可能知道——像他这么狂热，肯定想要看到书中各位插画家的作品。事实上，《炉边蟋蟀》的首版中刊登了一幅约翰·利奇的插画《约翰的幻想》(John's Reverie)——凡·高特别推崇利奇，这幅画告诉了我们一些相当确定的信息。我们可以看到，这幅画进入了凡·高的视觉宝库，出现在他的大幅画作《精疲力尽》(Worn Out, 参见第 65 页) 中。画中有一位男子坐在壁炉前，双手支着头。凡·高将这幅画的速写附在信里寄给了提奥，对他来说，这个形象关乎一个人的记忆，"就好像在火光或烟的形状中看到了遥远的过去的事物"[206]。当时有很多插画表现人们坐着，头埋在手里，[2]而利奇这幅作品之所以特殊，在于其描绘的情景是"坐在火前"。由此我们可以合理地假设，凡·高手中有过刊登着利奇插画《约翰的幻想》的狄更斯著作。[3]凡·高自己也多次画过这个主题，表现老人在壁炉前用双手支着头。[4]凡·高不仅读过狄更斯的几乎全部小说，还怀着极大的兴趣关注各种不同的版本，主要是为了看看与狄更斯笔下的场所和人物有关的插画，看看它们的氛围演变。从乔治·克鲁克香克到约翰·利奇，再到弗雷德里克·巴纳德的插画，他总是在追踪最新的作品，并发现它们各自的优点[325]。[5]

---

[1] 英国画家弗雷德里克·巴纳德（Frederick Barnard, 1846—1896）为《狄更斯作品集》套装中的很多册都创作了插图，其中就包括《圣诞故事集》(Chapman & Hall, 1878)。在狄更斯去世后的 1871 年至 1879 年间，伦敦的 "Chapman & Hall" 和纽约的 "Harper & Brothers" 出版社都推出了家庭版，前者为二十二卷，后者为十六卷。伦敦版的二十二卷本中，二十一本是狄更斯的小说，还有一本约翰·福斯特写的《狄更斯的生平》(The Life of Charles Dickens)，凡·高知道这本传记[279]。

[2] 例如狄更斯的《艰难时世》(Hard Times) 中，有查尔斯·斯坦利·莱因哈特的插画《悲伤》(Sorrowing)。

[3] 1852 年，"Chapman & Hall" 首次将五本《圣诞故事集》合为一本出版，橄榄绿色的封面，只在扉页上配有一幅插图。在去世之前，狄更斯与 "Chapman & Hall" 合作推出了 "狄更斯特别版"，每一本的封面上都有他独特的（烫金字）签名。在这本比较早的《圣诞故事集》中，《炉边蟋蟀》只有一幅利奇的插画《开莱勃和他的女儿》(Caleb and his Daughter)（Chapman & Hall, c.1868, p.116）。

[4] 在海牙，凡·高创作过一幅版画，描绘了一个相似的人物，"秃头"，头埋在手中。他还为一幅标注了英文名称《在永恒之门》(At Eternity's Gate)[286]。

[5] 在凡·高信件的附言中，他依次提到了利奇、克鲁克香克、巴纳德。这意味着他当时想的是狄更斯作品的插画作者。

第二章 艺术与生活

狄更斯去世数月后,《图画报》在 1870 年圣诞特刊中刊印了一幅平和朴素的画《空椅子》(*The Empty Chair*,参见第 66 页)。此画出自该刊最好的画家之一塞缪尔·卢克·菲尔德斯,以象征的手法表现了这位伟大小说家的离世——菲尔德斯"在狄更斯去世的那天"到过他写作的房间。凡·高被这幅"引人注目的素描"深深地打动了,他给提奥写道:"空椅子——早晚会有很多、更多的人取代赫科默、菲尔德斯、霍尔和斯莫尔等人,而最后只有**空椅子**。"〔293〕

菲尔德斯也为狄更斯最后一部未完成的作品《德鲁德疑案》画了插图,他的画作在往后的很多年里都萦绕在凡·高的脑海和视觉宝库中。六年之后,在普罗旺斯,凡·高画了两把空椅子,他一反传统,以油画肖像的形式来描绘私人的物品。其中一幅画的是他自己的"带草编的木椅",上面放着他的烟斗和烟叶。另一幅是"高更的椅子","椅面上放着两本小说和一支蜡烛"〔721〕。[1] 我们并不知道画中都是什么书,因为凡·高没有画出它们的标题;或许这是一个推荐,因为凡·高那时在狂热地阅读左拉的《梦》(*Le rêve*),而他的文学思想已经给朋友留下了深刻印象。[2]

空荡荡的椅子意味着缺席、死亡——凡·高自孩提时代就痴迷这个主题。我们死后还剩下些什么?这也是他后来作为一位艺术家反复自问的问题。不过,早在 1875 年,在为提奥编纂的小诗集中,他就已经给出了自己的答案——他引用了维多利亚时代著名的哲学家托马斯·卡莱尔的一句话:"一个人的作品不会腐朽,也不能腐朽。"[3]

---

[1] 1990 年,让·胡斯克对很多作者提出的高更的椅子和菲尔德斯《空椅子》之间的联系提出质疑,认为凡·高的椅子和高更的椅子是阿尔勒"两个房间中住客变形了的肖像"。
[2] 高更后来在回忆录《此前此后》(*Avant et Après*)中写道:"尽管这一切都混乱无序,但还是有某种东西从他的画上、从他的言语中迸射出来。都德、龚古尔和《圣经》在他这个荷兰人的脑袋里燃烧。"
[3] 这句话出自卡莱尔编著的《奥利弗·克伦威尔书信和演说集》(*Oliver Cromwell's Letters and Speeches*, 1845)。然而,凡·高在给提奥的第二本诗集(1875)中,从卡莱尔的各部作品中摘录的七个英文片段,均转引自丹纳的《英国文学史》(*Histoire de la littérature anglaise*)。事实上,凡·高的选择(删减和省略)与丹纳对所有片段的取舍一致,引用了丹纳的英文注释。

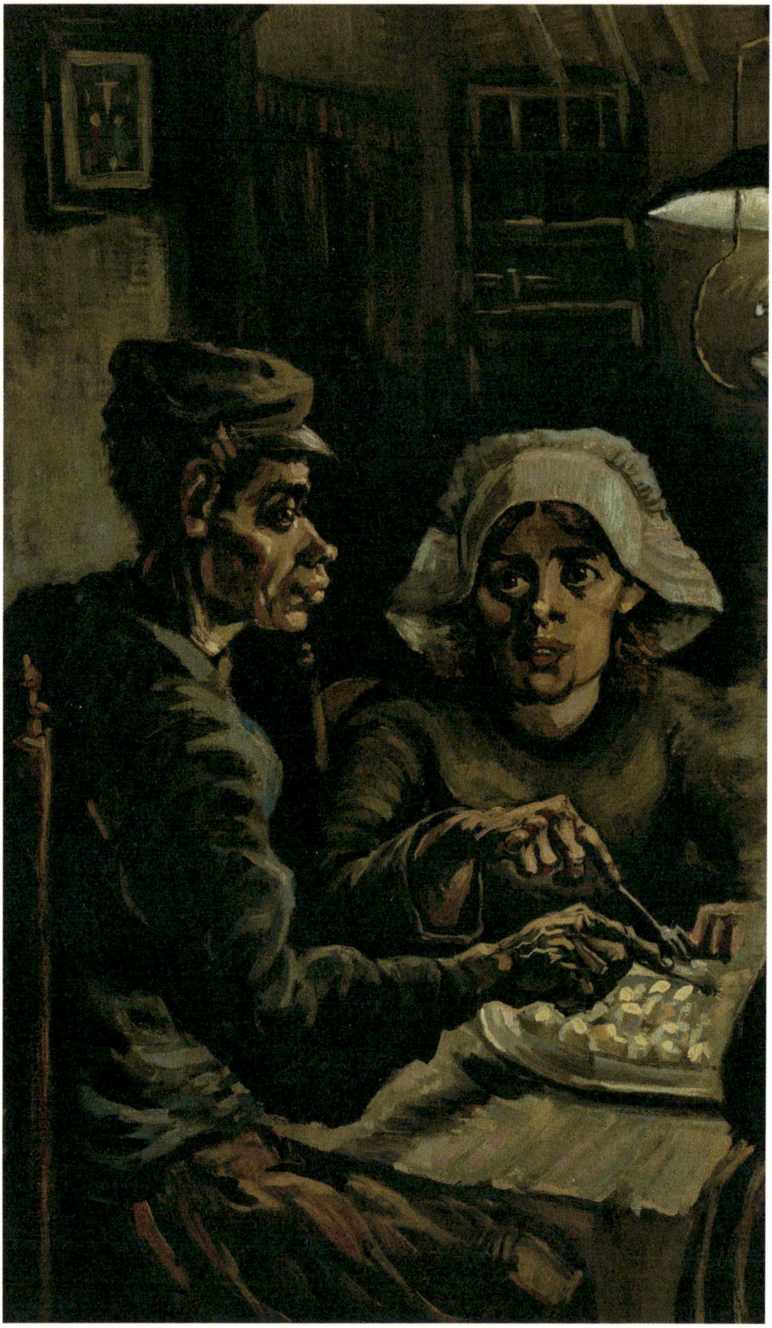

第三章

农民画家

"听我说,提奥,米勒是个多么了不起的人啊!
我有桑西耶的那部巨著[1],是从德波克那里借来的"

我们经常看到,伟大的艺术家心中都有着一位"父亲般的人物",在整个艺术生涯中,他们会不断地从对方身上寻找灵感。就凡·高而言,那位人物就是让-弗朗索瓦·米勒——法国巴比松画派[2]的成员,作品主要表现农民的生活。凡·高对这位法国画家充满热情的评价,最早见于他 1874 年从伦敦写给提奥的信,当时 21 岁的他在信中说,米勒的《晚祷》(*L'Angélus*)"那么丰富,是诗歌"[017]。他不可能看过原作,而是从古庇尔公司售卖的大量复制品中了解到这幅画。[3] 第二年,米勒去世,巴黎展出了米勒的色粉画和素描作品,凡·高看到以后深受震撼。"我一走进德鲁奥酒店里展览这些作品的房间,就感到了一些近似神圣的东西:你要把脚上的鞋子脱掉,因为你所站之处是神圣之地。"[036] 米勒知道如何捕捉农民现实的艰辛生活,让笔下的场景充满某种令凡·高感到"神圣"的东西。

"父亲米勒"随后成为凡·高艺术生涯的指路明灯。1880 年,当他首次野心勃勃地计划自学绘画时,决定临摹米勒的系列作品《田间劳作》(*Les travaus des champs*)。那时他在博里纳日的奎姆,迫不及待地要从提奥那里得到这套画。大约十年以后,在圣雷米精神病院那

---

1 "巨著"指的是阿尔弗雷德·桑西耶的传记作品《米勒的生平和作品》(*La vie et l'œuvre de J.-F. Millet*)。(编辑注)
2 约 1830 年至 1870 年间,活跃在巴黎南部村庄巴比松的一群现实主义风景画家,后来被称为巴比松画派。其成员中的西奥多·卢梭、儒勒·杜普雷、杜比尼、米勒等,都是凡·高喜欢的画家。
3 《晚祷》绘于 1857 年至 1859 年间。1876 年 3 月,凡·高当时在巴黎,他从画商保罗·杜兰德—吕埃尔那里以"每张一法郎"的价格买了"最后三张《晚祷》的版画"[073]。1880 年 10 月,凡·高已经决定做一名画家,他仿了两幅米勒的画,分别是《晚祷》和《翻土的人》(*Les bêcheurs*)。

段黑暗的日子里,他将再次选择这个系列的黑白版画(参见第 178 页),仿如"小提琴家"那样,用色彩"即兴创作"出优美的"表演"。"它教会我们一些道理,但最重要的是它有时会给我们带来安慰"〔805〕,他给提奥写道。在一生中,他从未停止对米勒的尊崇,将他视为"各个方面的导师和引路人"〔493〕。

有一本关于米勒的书也深深打动了他,对其产生的影响可能超过了米勒的任何一幅画。1882 年 3 月,凡·高在海牙发现《米勒的生平和作品》(*La vie et l'œuvre de J.-F. Millet*)这本书时,大受震撼。这部"巨著"是法国作家、诗人阿尔弗雷德·桑西耶论述米勒的生平和画作的专著。凡·高感觉自己与书中描述的人物非常契合,无论是在理论还是个人方面。桑西耶笔下米勒的忧郁性格,对于凡·高而言是一个惊喜的发现,那感觉就好像是在照镜子。"听我说,提奥,米勒是个多么了不起的人啊!我有桑西耶的那部巨著,是从德波克那里借来的。我太喜欢这本书了,晚上醒来就点亮灯接着读……这里给你摘录两句桑西耶《米勒》书里让我眼前一亮并为之动容的话,出自米勒之口:'艺术就是一场战斗——你必须将自己的一生投入艺术。'"〔210〕

桑西耶的著作在他去世之后的 1881 年出版。这确实是一部"巨著",四百多页的篇幅从米勒的孩提时代开始,讲述了他的一生。在生平故事的讲述中穿插着米勒自己的言语文字,为读者提供了一幅传记作者与传主之间热切对话的生动画面。这些对话确证了我们在桑西耶的序言开篇处所读到的:"这是一位画家,他让最卑微的人拥有一席之地;这是一位诗人,他称颂那些被这个世界所忽略的人;这也是一位好人,他的作品鼓舞着我们,为我们带来安慰。"在第四章关于米勒青年时代的论述中,我们看到"他急切地汲取家庭图书室中的藏书";后面还提到,"他的日常活动之一"就是阅读——米勒什么都读,"从荷马到贝朗瑞;他心潮澎湃地阅读莎士比亚、沃尔特·斯科特……"书中也提供了大量关于米勒艺术生涯的具体信息,例如 1859 年米勒的画作《死神与樵夫》(*La Mort et le bûcheron*)遭到巴黎沙龙展评审委员会的拒绝后,法国小说家大仲马公开为他辩护,而这幅画也在凡·高所崇拜的作品和艺术家的"众神"之列。艺术家和传记作者之间的关系如此亲密,以至于米勒的一封书信会用以下文字开头:"我亲爱的桑西耶,我已经

第三章　农民画家

收到了一百法郎，而我对你的感激不止十倍于此。"（1856 年 12 月 7 日）这简直就是凡·高的写照，他也如此频繁地给弟弟写过类似的感激之词，以感谢对方所提供的资助。书中还有米勒的素描、蚀刻版画、石版画。首先映入眼帘的是一幅色粉画的黑白复制品《米勒出生的房子》（House where Millet was born），描绘了一座简陋的石头房子，几只小鸡在周围啄食，地点位于诺曼底阿格角的乡村。

这本厚书中也印有米勒的自画像（参见第74页），它的质朴打动了凡·高。1882 年 11 月，他告诉提奥，他觉得这幅画"非常优美，只是一个头像，头上戴了一顶牧羊人的帽子"[288]。在他纽南期间（1884—1885）所用的速写本中，我们发现了一些与米勒自画像品味相同的素描，可能是实地写生的农民头像，描绘自然，寥寥几笔粗线就传达出强烈的力度和直观性。米勒自画像对凡·高的影响，也可以从凡·高那幅极富感染力的炭笔自画像——也是他的第一幅自画像——中看出来。那是 1886 年，他刚到巴黎，这幅"农民画家"肖像正是受米勒自画像的启发而作的（参见第75页，上图）。[1]

米勒的《播种者》（The Sower）是凡·高最早，也是最常用的绘画练习范本之一，陪伴凡·高度过了整个艺术生涯。他仿照它画了很多速写、素描和油画。在 1884 年至 1885 年的速写本上，明显可见凡·高为了画对人物姿势而做的努力。[2] 这幅画在凡·高的头脑中盘踞了十年之久，而他不断地重画，从忠实地临摹到画出更具雄心的油画[629]。桑西耶充满激情地描绘米勒的《播种者》，还有凡·高始终无法在画布上画出来的播种姿势："当一个人背上白色的谷袋，将它绕在自己的左臂上，袋中装满种子，装满对来年的希望，那么这个人就是在履行某种神圣的使命。"在这幅画中，凡·高似乎找到了可以概括自己一生的理念：在这个视觉隐喻中，蕴含着那个一度希望成为"语言播种者"[112]的他。艺术是一项使命——这是凡·高的信条——就存在

1　凡·高在速写本上先后画了两张类似的自画像《男人头像》（Head of a Man，F1354av/JH996，参见本书第75页；F1354ar/JH997）。凡·高在信中从未提过这两幅画，这引发了很多解释。对这两幅自画像的逐一分析（依照镜中纽扣的细节），参见 Mariella Guzzoni, Van Gogh: L'infinito specchio. Il problema dell'autoritratto e della firma in Vincent, pp.72–74, note 22。
2　凡·高博物馆现收藏着四本速写本，本书展示了其中的三本（参见第75、77页）。第四本小速写本是凡·高在奥维使用的（1890）。

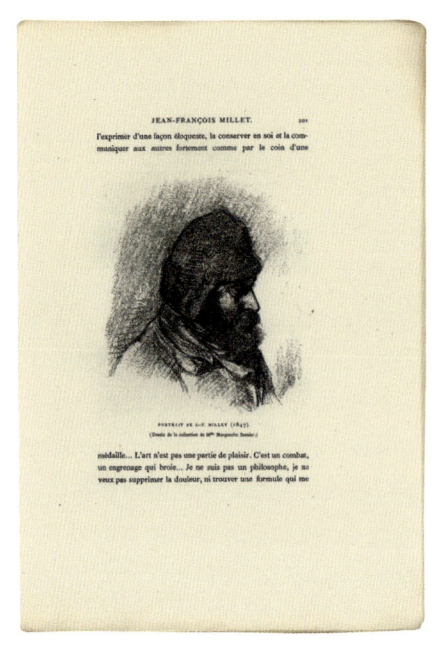

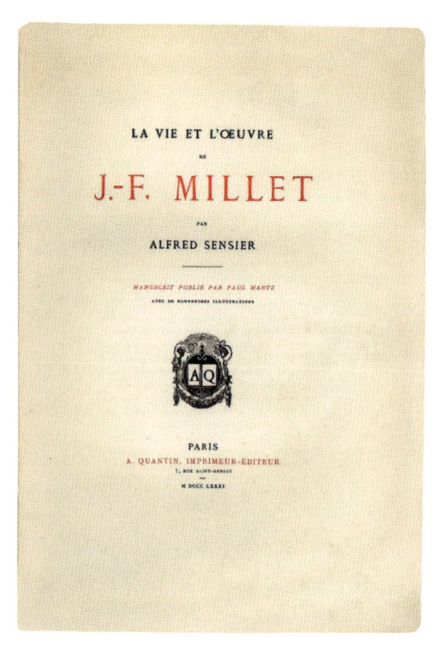

让-弗朗索瓦·米勒
《自画像》
1847 年
阿尔弗雷德·桑西耶,《米勒的生平和作品》, 1881 年
Paris: Quantin, 1881

"艺术必须清晰地表达出一个主导性的思想。我们自己必须具有这个思想,并且用它影响其他人,就好像为他人贴上一枚勋章……艺术不是游玩,它是一场战斗,是一座碾磨的磨坊。我不是哲学家,我不想终止痛苦,也不试图寻找让自己变得漠然或无动于衷的方法。或许,痛苦才能让艺术家最清楚地表达自身。"
米勒。引自桑西耶《米勒的生平和作品》之《让-弗朗索瓦·米勒:农民与画家》

［上图］
凡·高
《男人头像》
炭笔，经过擦涂
19.8cm×10.9cm
巴黎，1886 年
速写本·3

［下图］
凡·高
《两个头像》
棕色墨水、钢笔
7.5cm×12.4cm
纽南，1884—1885 年
速写本·1

让-弗朗索瓦·米勒
《播种者》（收藏家 M. 亚历克西·鲁阿尔收藏的素描）
阿尔弗雷德·桑西耶，《米勒的生平和作品》，1881 年
Paris: Quantin, 1881

"米勒耐心地研究收割者的动作，并创造出一个形象，这个形象在他脑海中挥之不去。我们知道，对于农人来说，播种是多么严肃的事情。犁地、施肥、耙土，这些都是相对琐碎的工作，不可能有什么英雄式的激情；但是，当一个人背上白色的谷袋，将它绕在自己的左臂上，袋中装满种子，装满对来年的希望，那么这个人就是在履行某种神圣的使命。"
桑西耶，《米勒的生平和作品》之《让-弗朗索瓦·米勒：农民与画家》

凡·高
《播种者》
黑粉笔，经过摩擦
13.6cm×10.2cm
纽南，1885 年
速写本·2

于这位播种者的形象内部。

发现桑西耶论述米勒的著作，是凡·高在海牙时期的一个转折点，而这本书也帮他走向了生命的新阶段。1883年秋，凡·高离开了情人西恩，在荷兰东北部"最偏远的"德伦特省度过了三个月。那里处于半荒漠地带，你会觉得"仿佛身处凡·戈因、雷斯达尔和米歇尔[1]的时代"〔401〕。

12月，凡·高无法忍受寂寞和刺骨的寒冷，于是回到北布拉邦，和父母一起住在纽南的牧师住所。对米勒的狂热崇拜驱使着他制定了一个野心勃勃的工作计划——追随导师的脚步，专注于描绘农民的生活。他毫不停歇地工作了将近两年，创作了一系列描绘纽南乡村的习作，题材包括农夫、织工、纺线的女人以及人物头像，还有风景和鸟巢。荷兰画家安东·凡·拉帕德偶尔来访。他们当时有相互交换书籍的习惯，凡·高1884年9月在给对方的信中写道："非常感谢你让我阅读这些书……读了《我们时代的艺术家》（*Les artistes de mon temps*）以后，我又函购了同一位作者的《绘画艺术的原理》（*Grammaire des arts du dessin*），如果你想读的话可以拿去。"〔459〕

信中提到的两本书的作者即夏尔·勃朗，他绘制的结构精巧的《色环》在凡·高的绘画生涯中具有特殊地位，一直都是他进行新绘画实验的基础。在《绘画艺术的原理》中，勃朗解释了互补色的相互影响，并通过"辅助图像"让互补色的理论视觉化，让人一眼就能记住。图像由两个交叠的等边三角形构成，尖角朝上的三角形包括三种基本颜色（三原色），朝下的三角形则包括由三原色两两混合而成的二次色（三间色）。这种排列向我们展示出，当三原色和它正对着的二次色（也就是其补色）放在一起时——"黄色—紫色，蓝色—橙色，红色—绿色"——色彩效果会得到加强。这种现象即"同时对比"规律（1839年由物理学家米歇尔·欧仁·谢弗勒首次提出），它构成了法国浪漫主义画家欧仁·德拉克洛瓦的色彩理论基础。[2]

早在凡·高成为画家以前，他在1877年给提奥的信中已经引用

---

[1] 扬·凡·戈因（Jan van Goyen，1596—1656），荷兰风景画画家，作品多表现河流和陆地景色。乔治·米歇尔（Georges Michel，1763—1843），法国风景画家，作品多表现巴黎周围的田园风光。（编辑注）
[2] 凡·高对勃朗著作《我们时代的艺术家》中讨论德拉克洛瓦的文章印象深刻。在文章中，勃朗描述了德拉克洛瓦深刻且"科学的"知识，及其对色彩规律的运用。

第三章　农民画家

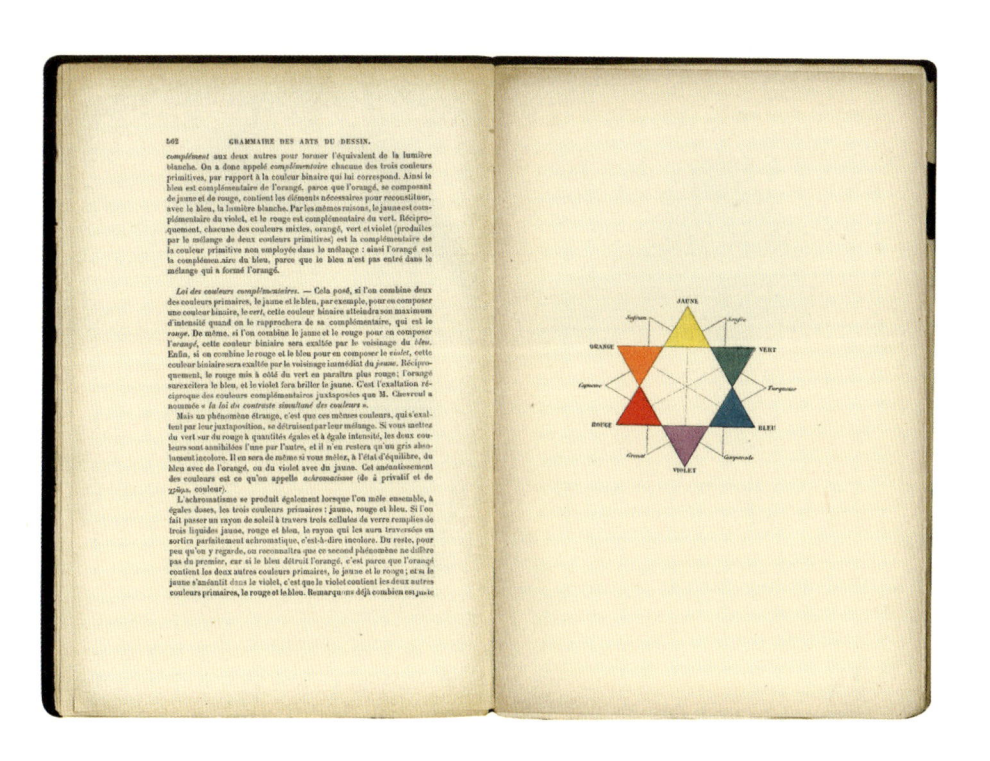

夏尔·勃朗
《绘画艺术的原理》中的插图《色环》，1870 年
Paris: Librairie Renouard, 1882

过勃朗的《绘画艺术的原理》，不过在纽南的时候，他才开始持续研习这部著作——他永远都不会放弃对这本书的研习。他当时做了一个具体的计划："由于我才刚刚起步，为了获得进步，我必须画五十幅［农民］头像。要尽可能地快，要一幅接着一幅。"〔468〕这些习作都创作于 1883 年底那个漫长的冬天，它们最终构成了凡·高的第一幅杰作《吃土豆的人》。在他画了两幅较小的油画或者说"习作"之后，1885 年春天，他"主要凭借记忆"画了最终版——他在信中相当自豪地向提奥宣告。"最后的"描摹对象并不是某个人，而是一个世界。在这幅画

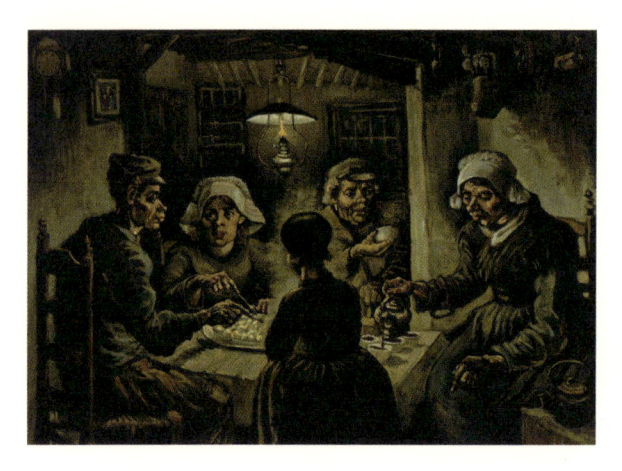

凡·高
《吃土豆的人》(右图为局部)
布面油画
82cm×114cm
纽南，1885 年 4 月中旬至 5 月上旬

中，感官体验从艺术渗透到观众中，并达到顶峰："如果一个农民描绘了培根、烟雾和蒸土豆的味道——很好——那没什么不健康的——如果一间马厩闻着有一股马粪味儿——很好，马厩就是那样的——如果田里充满成熟小麦或土豆的气味——或是鸟粪和粪肥的气味——那是真的健康——对城市居民来说尤其如此。从这样的画中，<u>他们获得了有用的东西</u>。但是一幅农民画绝对不可以变得芳香扑鼻。"[497] 农家饭食在当时的荷兰是常见的绘画题材，比如海牙画派的约瑟夫·伊斯拉尔斯所作的《简单一餐》(*Frugal Meal*)[1]，但是凡·高为这个题材注入了新的意义和尊严。一幅"真正的农民画"甚至可以散发出难闻的气味，那与自然和谐相处的真实的农民生活可以教给"城市居民""有用的东西"——他在这句话下面画线表示强调。在左拉的文字中也可以

1　约瑟夫·伊斯拉尔斯（Jozef Israëls，1824—1911），荷兰风景画家。1822 年，凡·高给提奥写道："如果有人达到了那个高度，那他就跻身天才之列。但是人不可能攀登比山顶更高的地方，比如伊斯拉尔斯可以和米勒比肩，就天才来说，并不存在孰优孰劣的问题。"[280] 伊斯拉尔斯通过古庇尔公司售出了很多画作，凡·高在海牙分部工作时可能见过他。

看到将真实与气味联系在一起的做法,比如他的小说《小酒店》,该书探讨了酗酒和贫穷的关系,背景设定在巴黎工人居住区,他在序言中说:"这是一本揭示真相的作品,是第一部人民的小说,写的就是人民,它不说谎,而且具有人民的气味。"[1] 凡·高在《吃土豆的人》上签了一个"秘密的"签名,隐藏在最左边的椅子靠背上,几乎看不见。这个签名七十多年都无人注意。[2] 他曾在开始画之前为《吃土豆的人》制作了一幅版画,将其寄给拉帕德,却收到了尖锐的批评,但他相信要捍卫自己对绘画的信念:"我们是将能量投入到我们的事业中。"〔497〕

尽管第一眼看去,《吃土豆的人》的用色似乎很暗,但实际上凡·高忠实地遵循了勃朗的色环模型,研究它应用的效果,直至最细微之处。我们可以从画中农妇所戴的那顶传统样式的帽子上发现,为了获得生动的效果,凡·高采用了两种互补色(灰粉和灰绿),两种色彩的笔触或是交替使用,或是交织出现,就像布料一样。他所依据的是勃朗在《绘画艺术的原理》中阐释的光学混合理论:"如果我们站在几步远的距离看一条羊绒披肩,我们通常感知到的色调并非在于织物本身,而是一种色调与另一种色调相互作用的结果,是在我们的眼睛后部形成的。"

我们应当记得,凡·高曾长时间观察织工在他们巨大的织机上工作。这是他当初抵达父亲的牧师住宅时,最先专心研究的主题之一。回到1880年,他那时的注意力一直集中在这些技工工作的场景上:"矿工和织工是两个完全不同的群体……神情恍惚,像是沉思,也像在梦游。"在这封发自奎姆的信中,他又补充道:"如果我有一天能画他们,我会感觉很幸福。这样的话,这类从未或几乎未曾发表的题材类型,就能引起人们的注意。"〔158〕几年后的1883年,他在海牙读了米什莱的《论人民》(Le Peuple),该书描写了工业时代的法国工人阶级。凡·高很欣赏这本书:"我觉得它很像我非常喜欢的一位画家所作的速写草图,本身具有一种独特的魅力。"〔312〕在此书的第二章《依赖机器的工人所遭受的奴役》中,米什莱谈到,工厂织工就像"一个人机结合的小部落,过着一半的生活";他将织工在"巨大的纺线和纺织车间"里的经历与

1　凡·高1882年读过《小酒店》,并在1883年9月给提奥的一封信中引用了此书的序言〔337〕。
2　这个签名最早是由奈丽·凡·高—凡·德尔·古特(提奥的儿子文森特·W. 凡·高的第二任妻子)在1860年之后鉴定出来的。

那些独立工作的纺织者进行了对比："纺织者独自完成任务远没有那么痛苦。原因何在？因为他还可以有梦想。"

在米什莱看来，这一点可由以下事实说明："手工织布有快有慢，就像人的呼吸一样。人遵从生命的规律而行动，工作跟着人走。但是在那里［在巨大的车间里］，人必须跟着工作走。"凡·高用现实和同情的态度对待这个全新的主题，对待人依附于机器所受的束缚，对待这个关于"奴役"的问题。我们可以看到一系列非常好的素描、油画和水彩，画中的工人完全陷在他的任务中，与他的机器交流。在水彩画《织工》(Weaver) 中，我们看到一个织工抽着烟斗干活；在另一幅速写中，右侧的高脚凳上有一个婴儿［《织工，以及放在高脚凳上的婴儿》(Weaver, with a Baby in a Highchair)］。这个人看起来并没有被巨大的织布机支配，但是他为了糊口而付出的代价是显而易见的。

儒勒·米什莱
《论人民》
Paris: Hachette, Paulin
1846

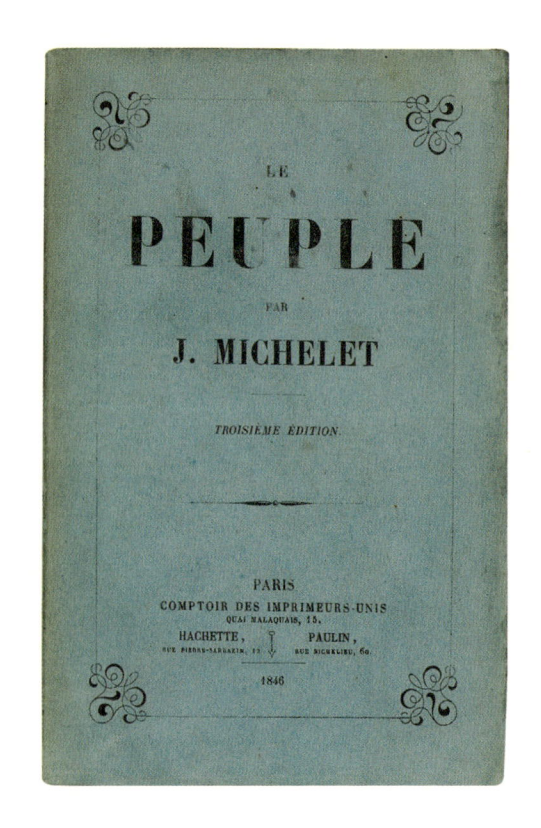

凡·高
《织工》
铅笔、水彩、水粉、棕色墨水、
钢笔，直纹纸
35.5cm×44.6cm
纽南，1884 年

"然而，对于织工，更确切地说是图样或配色的设计者来说，计算出线的数目、弄清它们的方向并不总是那么容易——同样，将所有的笔触都编织成一个和谐的整体也不容易。"
给提奥的信，纽南，1885 年 4 月 30 日〔497〕

"每隔一间小屋,里面的窗口处都有一台织布机,你或许会看到一位面色苍白、病恹恹的男人或女人,按下面板上的一个窄盒,同时用双臂和双腿操作踏车一样的机器。"

乔治·艾略特,《教区生活场景》第二章《艾姆斯·巴顿牧师的悲惨命运》

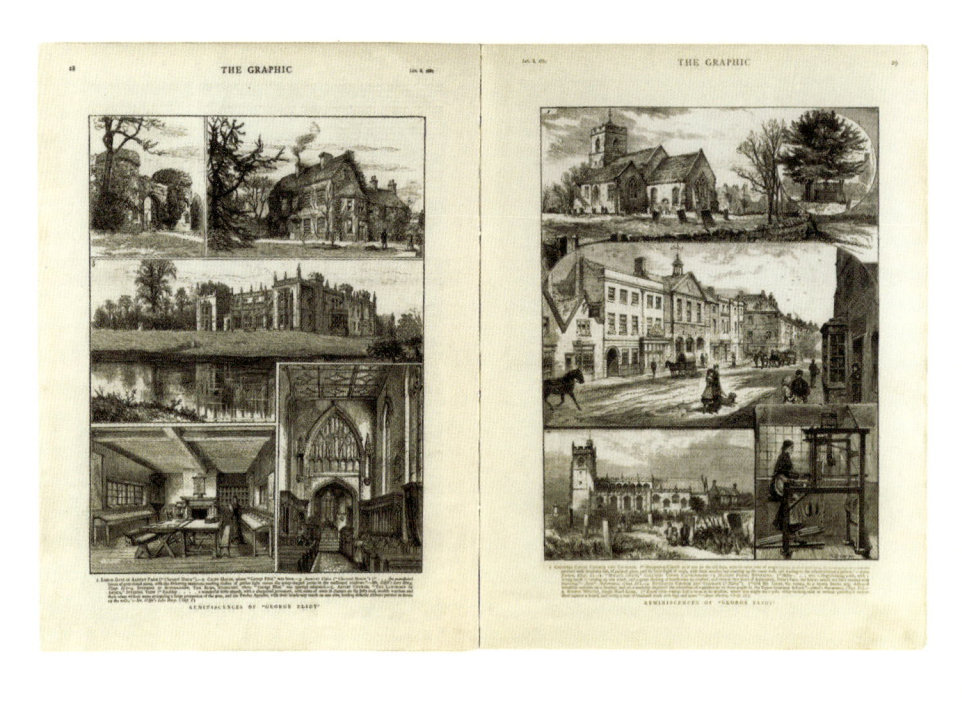

"纪念乔治·艾略特"系列插图《纺织工人》(对页图为局部)
《图画报》,1882年1月8日

纽南周边有非常多的织工,他们待在"极其阴暗的室内"[479]。不过,凡·高想要描绘他们的冲动或许是受到了《图画报》一页插图的推动,该页插图是为了纪念英国小说家玛丽·安·伊文思(笔名乔治·艾略特)而绘制的。同期报纸中还引用了一段关于织工的描写,同时配发了一幅描绘织工的插图:"每隔一间小屋,里面的窗口处都有一台织布机,你或许会看到一位面色苍白、病恹恹的男人或女人,按下面板上的一个窄盒,同时用双臂和双腿操作踏车一样的机器。"这些文字摘自

第三章　农民画家

《艾姆斯·巴顿牧师的悲惨命运》("The Sad Fortunes of the Reverend Amos Barton"），是《教区生活场景》（*Scenes of Clerical Life*）中的三个短篇故事之一。凡·高还是一个小男孩的时候，就很喜欢"艾略特那些优美的作品"[070]，以及艾略特第三部小说《织工马南》（*Silas Marner: The Weaver of Raveloe*）中那位深居简出的织工。尽管在海牙期间，凡·高读的主要是法国当代小说，但在1883年春天，他又重读了艾略特的作品，以及苏格兰散文家托马斯·卡莱尔的文章。这两位作者，再加上狄更斯，是他最喜欢的三位维多利亚时代文学家。凡·高家里的所有人都很熟悉《教区生活场景》，以及艾略特的其他小说。

凡·高非常看重和织工相处的这段经历，在谈到他的第一幅"真正的农民画"，也就是《吃土豆的人》时，还用了一个非常可爱的比喻："整个冬天，我都将这块布料的线攥在手里……"〔497〕完成这幅伟大的杰作之后，他迅速走上了一条全新的道路。1885年10月，在他永远离开荷兰之前，他写出了自己的想法，并用粗体字加以强调："**色彩本身就能表达意义。没有色彩是不行的。**"〔537〕

《有圣经的静物》(*Still Life with Bible*)是他第一幅明确表达这一新哲学的作品。画面十分明亮，加了"柠檬黄的点缀"〔537〕。这一笔柠檬黄就画在他描绘的第一本小说上——左拉的《生之喜悦》(*La joie de vivre*)。《生之喜悦》这部作品的标题有误导性，因为它讲的并不是令人喜悦的故事，相反，它是左拉最悲观的作品之一。凡·高发现，在从真实生活中汲取艺术灵感方面，自己与左拉完全一致——尽管十分艰难，他还是将这位法国小说家看作现代人当中真正的人生导师："[左拉]能让人的头脑变得清醒。"〔250〕画面中心的这本《圣经》以前属于凡·高的父亲，他几个月前刚刚去世。这不是家庭用的《圣经》，也不是讲经用的《圣经》，而就我们所知，它在凡·高家中并没有什么特殊的意义。[1] 不过，凡·高把这本《圣经》画得比实际的尺寸更大，因此赋予了画面一种庄严感。[2]

他画这幅习作可谓"一气呵成"〔537〕。在画《圣经》的书页时，他快笔画出横向和竖向的笔触，仿佛编织真实的布料。《圣经》打开在《以赛亚书》第53章第3节："他多受痛苦，常经忧患。"左拉的小说紧挨着《圣经》，看起来甚至更旧一些。它的黄色封面与最初的版本（Charpentier 出版）一致，不过凡·高把标题写成了一行（很可能是

---

[1] 画中《圣经》打开的页面是《以赛亚书》第53章，很多人就此做过讨论，不过它似乎是习惯性地翻到了这一页。画中《圣经》的尺寸是 42.5cm×31.5cm，左拉的小说是 18.5cm×12cm。
[2] 加莱特·斯图尔特在著作《阅读的面貌：书籍、绘画与文本》(*The Look of Reading: Book, Painting, Text*) 中提出，他观察到，在《有圣经的静物》中，"凡·高更新了'劝世静物画'中的书目范围"——"劝世静物画常与及时行乐交织在一起，但目的只是强化社会规范，画面描绘读物，却没有读者"。

凡·高
《有圣经的静物》
布面油画
65.7cm × 78.5cm
纽南，1885 年 10 月

埃米尔·左拉
《生之喜悦》，1874 年
Paris: Charpentier, 1884

根据记忆画的，或是照着简名页画的）。¹ 他 1885 年 4 月读过这本书，我们不知道画这幅画时他是否还保留着。

蜡烛燃尽了，这暗示了他父亲的离世，不过烧得还剩一小截儿，仿佛象征着一段时期的结束——凡·高是在暗示，他已经做好准备换一个环境。画完这幅静物画没多久，他就离开荷兰，再没回来过。在动身前不久，他寄给提奥一个箱子，里面装满了静物画，还有一封短笺："不久以后我会寄给你一本龚古尔的《亲爱的》（Chérie）。龚古尔一直很优秀，而且他写作如此认真，花了如此多的功夫。"〔534〕凡·高会从安特卫普寄出这本书，并用红色蜡笔在简名页上写下自己的名字"文森特"。² 在该书序言的最后几页，埃德蒙·德·龚古尔回忆了自己和弟弟儒勒"在他去世前两三个月时"的一次散步。他记述了弟弟所说的话——儒勒历数了他们作为作家和收藏家的三项最重要的成就。在谈到第三项成就时，儒勒说到了"我们在 1860 年的发现——在'中国门'（Porte Chinoise）古玩店，发现了巴黎的第一本日本画集……以及《**玛奈特·萨洛蒙**》（MANETTE SALOMON）和《**观念与感觉**》（IDÉES ET SENSATIONS）里专门写日本事物的那些页面……难道它们不让我们成为这种艺术最早的宣传者吗……这种艺术毫无疑问颠覆了西方人的视角"。凡·高已经从法国杂志和左拉的小说中读到了风靡巴黎的"日本热"，但是在《亲爱的》中，他发现了一些更有意义的新东西。事实上，正是这篇序言激发了他的梦想，这也是他想要与提奥分享的东西："在《亲爱的》这本书的序言中，你很快就会读到——有一段叙述，龚古尔兄弟讲述了所经历的一切——以及，在他们生命的最后阶段，他们如何，嗯——如此悲观——但又如此坚信自己的立场——认为自己已经有所成就，作品将会永存。他们是什么样的人啊！如果我们比现在更加努力，**我们俩**也会达成更多共识，为什么不呢？"〔550〕

1886 年 2 月，即凡·高抵达安特卫普（他在这里第一次欣喜地发现了日本版画）三个月之后，他失去了耐心——巴黎已经在等他了。

1　笔者与法国古文物研究者进行过讨论，就笔者现有的发现，Charpentier 只出版过一版黄色封面的左拉《生之喜悦》。
2　用红色蜡笔写下自己的名字，这一点与下面这个事实吻合：在安特卫普，凡·高首次使用两种新颜色的蜡笔画速写和素描，即蓝色和红色。

"如今,文学对真理的追寻,对 18 世纪艺术的复兴,以及日本风的胜利,这些是……19 世纪下半叶三项伟大的文学和艺术运动……而我们将会领导它们,领导这三项运动……可怜的、寂寂无名的我们。好吧!只要你做到了……未来就很难不成为一个举足轻重的人物。"
埃德蒙·德·龚古尔,《亲爱的》序言

埃德蒙·德·龚古尔
《亲爱的》
Paris: Charpentier, 1884

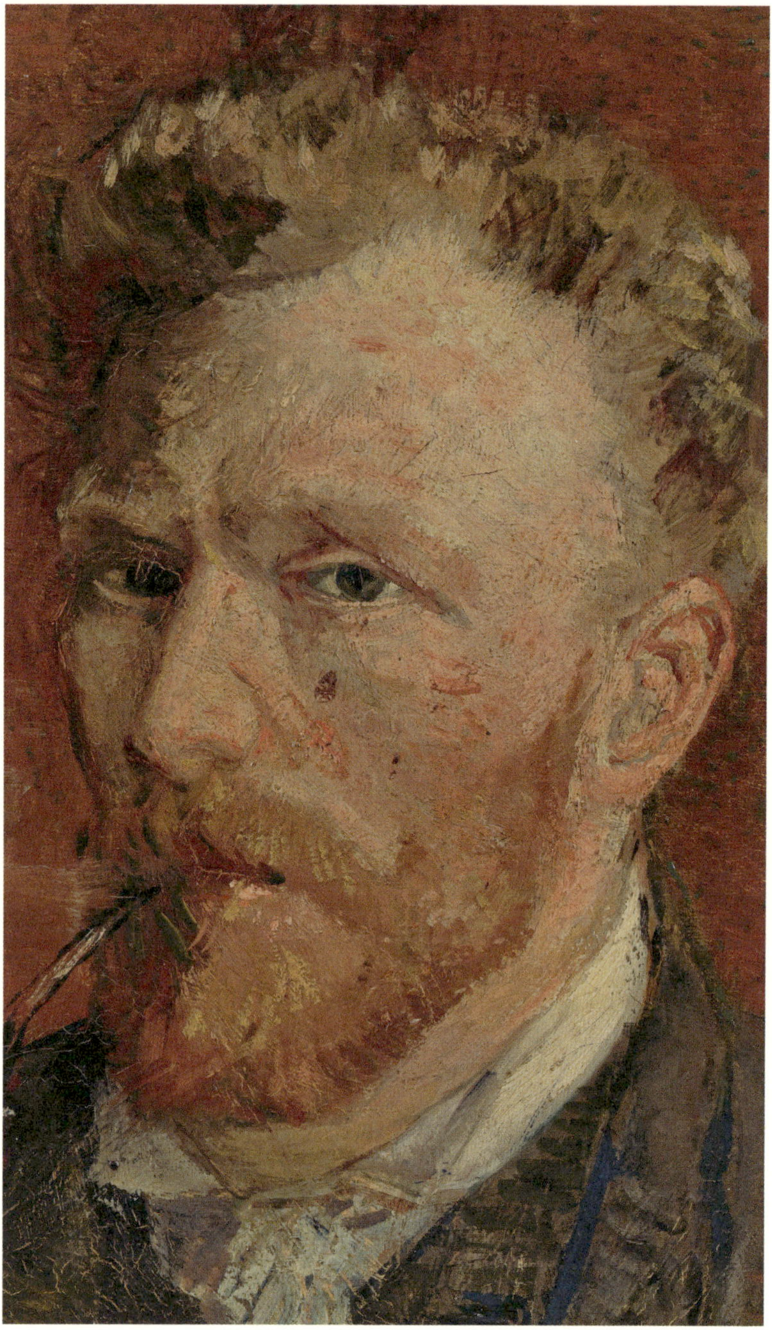

第四章

光之城

"剩下的只有真实"

1886年2月28日，星期天，凡·高没有告诉任何人就抵达了"光之城"——巴黎，而且比他的计划还要早。兜里揣着一个速写本，他从上面撕下一页，用铅笔草草写了一张便条，遣人送给提奥："咱们中午在卢浮宫见。"〔567〕距离凡·高上一次参观这座美丽的博物馆已经过去了将近十一年，而这里是他最想看到的地方。他将这次见面约在"方厅"（Salon Carré），展厅四壁全是欧洲艺术大师的画作——德拉克洛瓦、伦勃朗、卡拉瓦乔、拉斐尔、委拉斯开兹。也是在这个速写本上，我们发现了已知最早的一幅凡·高自画像，是一幅小尺寸的炭笔素描（参见第75页）。透过这幅画，我们得以一窥这位刚刚抵达巴黎的画家的面容，看看这位如此热爱米勒的"农民画家"。尽管他的外表看起来像个乡下人，但是他顾不上这些，而是强烈地渴望立刻学习巴黎当地的语言，1880年8月他就第一次用法语写信："我亲爱的提奥，你别怪我突然造访……"〔567〕

多年来，他几乎只读法语作品，而他的文化知识也得到了极大的拓展和丰富。在纽南的时候，他就已经按照在海牙时展开的文学兴趣，如饥似渴地读了很多东西，不过依然对左拉的小说着迷。他热切地想要发现，在自己最爱的那些画作背后，隐藏着"什么样的人性"〔515〕。为此，他还找提奥要了一些法国画家的生平传记，比如龚古尔兄弟的《18世纪的艺术》（L'art du dix-huitième siècle）——记述了夏尔丹、布歇、弗拉戈纳尔等人的生平故事和书信，还有画家兼作家让·吉古的著作《论我们这个时代的艺术家》（Causeries sur les artistes de mon temps）。后者是一本妙趣横生的自传，充满了他遇到和认识的艺术家的趣闻逸事，其中包括儒勒·杜普雷、卡米耶·柯罗、保罗·加瓦尼和德拉克洛瓦。凡·高还进一步探究了色彩理论，除了阅读勃朗的《绘画艺术的原理》，他也很喜欢艺术批评家泰奥菲勒·西尔韦斯特[1]的著作《德拉克洛瓦：新文献》(Eugène Delacroix. Documents nouveaux)。这部关于法国浪漫主义画家德拉克洛瓦的著作篇幅不大，其中一部分节选了画家的"日程表"和各种书信。德拉克洛瓦对勃朗"同时对比"规律的运用，吸引了凡·高的兴趣。但是最触动他的，还是西尔韦斯特著作的最后一页，他觉得一定要分享给拉帕德："给你写几句文中的话，是我突然想到的——文章结尾大概是这么说的：德拉克洛瓦这位高产的画家，就这样死去了，几乎带着微笑——他脑中有太阳，心中有风暴……"〔526〕

所以，虽然凡·高尚未看过印象派的任何作品——提奥曾经在信中向他提起这个流派——但他在到达巴黎北站时已经非常熟悉法国艺术和文学。

在巴黎的第一年里，凡·高肯定受到了来自各个方面的全新震撼和刺激。一方面是当时盛行的印象派（1886年春天的时候，他参观了沙龙展和第八次印象派画展）；另一方面则是"日本风"[2]，当时日本热的浪潮正在席卷法国首都的艺术圈。1886年5月，就在凡·高抵达巴黎的几个月后，《巴黎画报》(Paris Illustré)发行了一期特刊，登载的全是日本艺术。封面是日本江户时代末期的浮世绘画家溪斋英泉的作品《花魁》。[3]

同一年春天，凡·高用了"三四个月"时间来研究费尔南·科尔蒙[4]工作室创作的裸体人像。科尔蒙是一位思想开明的画家，他培养了大约三十名学生〔569〕。凡·高在那里遇到了几位画家，其中包括约翰·彼得·罗素、亨利·德·图卢兹－劳特累克、路易·安克坦，以及年轻的

1　泰奥菲勒·西尔韦斯特（Théophile Silvestre, 1823—1876），法国艺术评论家和艺术史家，还著有《法国和外国在世艺术家传》(Histoire des artistes vivants français et étrangers)。（编辑注）
2　日本风（Japonisme），由法国艺术评论家菲利普·博蒂1872年首次提出，也译为"日本趣味""日本主义"等。（编辑注）
3　一年以后，凡·高会在这个封面的启发下，创作一幅非常有个人风格的作品《花魁（临溪斋英泉）》(Courtesan: after Eisen)。《花魁》位于画面中央，周围饰以他收藏的日本版画中的图案。
4　费尔南·科尔蒙（Fernand Cormon, 1845—1924），法国学院派画家，其工作室设立在巴黎的蒙马特高地。（编辑注）

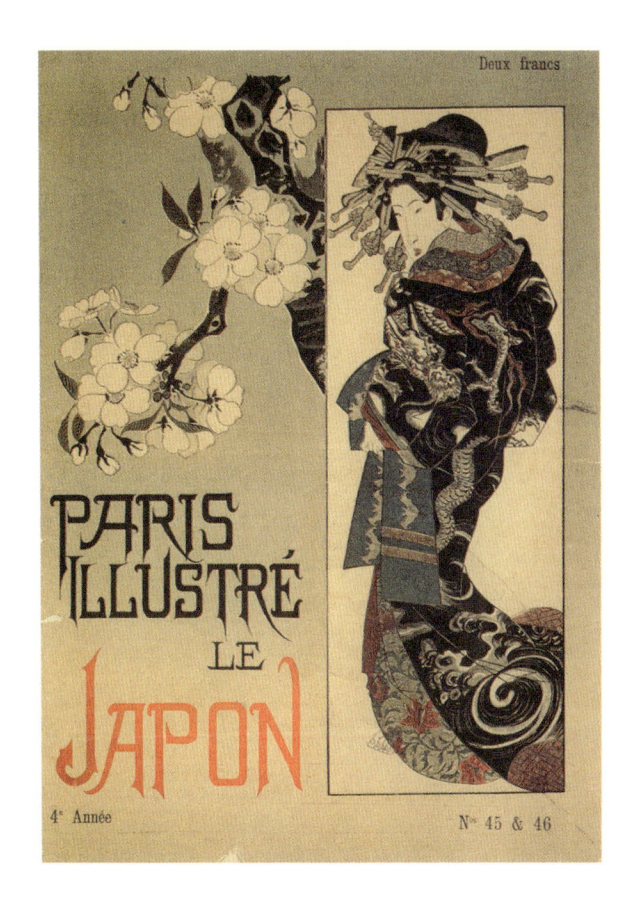

《巴黎画报·日本》封面
1886 年 5 月

埃米尔·贝尔纳。[1] 后来凡·高与贝尔纳成为非常亲密的朋友，并一直保持通信。不过，他"并未发觉那［段时期］特别有益"[569]，而从夏天开始，他就独自创作了，不再有老师在身边指指点点。然而，在科

---

[1] 约翰·彼得·罗素（John Peter Russell，1858—1930），出生于悉尼，后移居欧洲，印象派画家。1886 年在科尔蒙工作室与凡·高相识，并为凡·高绘制了一幅肖像。亨利·德·图卢兹-劳特累克（Henri de Toulouse-Lautrec，1864—1901），法国后印象派画家。1882 年进入科尔蒙工作室。路易·安克坦（Louis Anquetin，1861—1932），法国画家。埃米尔·贝尔纳（Émile Bernard，1868—1941），法国画家，1884 年进入科尔蒙工作室。（编辑注）在普罗旺斯的时候，凡·高与贝尔纳之间保持着频繁的通信，凡·高当时寄出的信中有 22 封保留了下来。（作者注）

尔蒙的指导下，他确实创作了一幅具有突破性的作品，尽管画作的尺寸并不大——他的第一幅油画自画像。秋天，他画了另外三幅经典的自画像——叼烟斗的自画像，戴毡帽的自画像，然后是画架旁的自画像——全都忠实地使用了他一贯阴沉的荷兰式用色。1887年1月，他用更大的画布画了第一幅带签名的自画像《有玻璃杯的自画像》(Self-Portrait with Glass)，签名"Vincent 87"。这幅画中的人物姿势相当不合常规。它呈现出画家在巴黎生活近一年后，此时此地的样子：坐在一间酒吧里，面前放着一只盛满饮料的玻璃杯，还一反常态地在上衣口袋里塞了一块彩色手帕——这是即将到来的鲜亮用色的前奏。"剩下的只有真实，加瓦尼说"[206]，而加瓦尼的这句话似乎是凡·高这幅创作于新年伊始的画作的箴言。保罗·加瓦尼是法国有名的讽刺画家，早在多年以前的1881年，凡·高就读了龚古尔兄弟写的加瓦尼传记，并说他是"一位非常伟大的画家，本人也肯定非常有趣"[174]。第二年，凡·高住在海牙时买了加瓦尼的《人类的化装舞会》(La mascarade humaine)。书中收录了一百幅版画，其中一幅画了一个坐在酒吧的男人，他几乎正对着我们，与凡·高《有玻璃杯的自画像》中的姿势类似。法国作家、剧作家卢多维克·哈莱维为该书撰写了导论，其中几句话肯定引起了凡·高的共鸣："那是1828年。加瓦尼当时24岁……他一贫如洗，寂寂无名……他在笔记本上写下了几个简单的字：剩下的只有真实。"凡·高在信中数次提到这段话，这一观点完美地契合了他的信念。加瓦尼是他最崇敬的法国插画家之一，而且就像讽刺漫画家奥诺雷·杜米埃一样，比其他画家都更多地"带着嘲讽的眼光来看待社会"，有更多"严肃的看法"[278]。凡·高太懂讽刺了，而这幅自画像比现实更加真实，它标志了凡·高在巴黎绘画生涯的第一个转折点。[1]

19世纪中期以降，在这座"光之城"里，远东地区的艺术逐渐为人所知。1858年，日本和法国之间签订了贸易条款，当时日本向西方开放通商口岸已经五年。1867年的巴黎世界博览会，则标志着官方首次代售大批量的日本货物。远东地区的艺术成为众多收藏者和批评家的关注焦点，其中就包括埃德蒙·德·龚古尔、路易·冈斯，以及菲

1　X射线检验表明，《向日葵》(Sunflowers, F376/JH1331)就是画在一幅坐在咖啡馆里的自画像上面的。

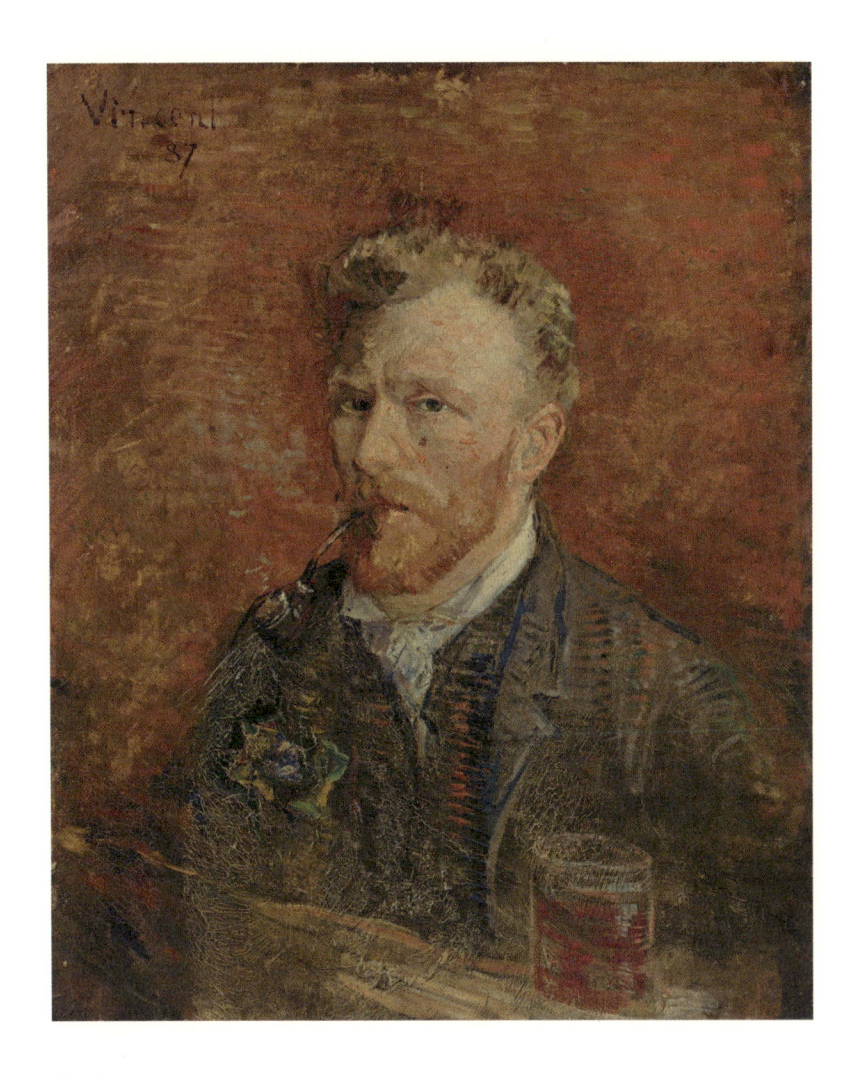

凡·高
《有玻璃杯的自画像》
布面油画
61.1cm×50.1cm
巴黎，1887年1月
画面左上方签名"Vincent 87"

"那是1828年。加瓦尼当时24岁……他一贫如洗,寂寂无名……他在笔记本上写下了几个简单的字:剩下的只有真实。简单几个字道出了最充分也最宽广的信念宣言。"

卢多维克·哈莱维,《人类的化装舞会》导论

保罗·加瓦尼
《人类的化装舞会》
Paris: Calmann-Lévy, 1881

第四章 光之城

利普·博蒂——他于 1872 年创造了"日本风"这个词。1878 年又在巴黎举办的世界博览会则引起了公众的广泛赞誉,博览会的场馆用亭子代表日本,日本艺术的魅力风靡一时。

与此同时,巴黎出版界忙着宣传日本艺术和文化。由知名作家撰写的内容丰富、插图精美的读物,对于东方艺术在法国的普及起到了关键作用。其中最早的出版物之一就是《日本漫步》(*Promenades japonaises*),由埃米尔·吉美[1] 撰文、费利克斯·雷加梅绘制插图。这本书真实记录了他们在日本各地的长期旅行,并在 1878 年的世界博览会上展出。这位极富天分的插画家画了很多速写来描绘他和吉美在旅途中的见闻,都是直接写生的。他的眼睛擅长捕捉细节,由此创作出很多引人入胜的素描和水彩画。他们的合作成果就是这本图文并茂的书,讲述了旅途中所经历的磨难和考验,也记录下了这两位西方人在"遇见东方"的过程中生出的欣羡之情。凡·高很推崇雷加梅的作品,而且已经有了几幅他描绘日本风物的画作,这些画大部分来自 1872 年至 1874 年间出版的《伦敦新闻画报》。1883 年,凡·高在信中对凡·拉帕德说:"雷加梅经常旅行,而且,你知道的,他对日本文化非常在行。"[325]

另一本影响广泛的书则是《日本艺术》(*L'art japonais*),作者是权威的艺术史家、收藏家路易·冈斯,由亨利—夏尔·盖拉尔绘制插图。该书于 1883 年出版了两卷本,这也是法国第一部深入研究日本艺术的作品。盖拉尔依照歌川广重、葛饰北斋及其他日本艺术大师的作品,创作了很多插画,还画了各种收藏当中的很多器物。这本书——1886 年出版了修订过的单卷本——还用日本和纸小批量地印了五十册,供给巴黎最重要的日本艺术交易商西格弗里德·宾[2],成为最重要的参考著作,也巩固了冈斯作为东方艺术专家的地位。凡·高在巴黎的时候也阅读了冈斯的著作,对他来说这也是非常重要的信息来源。[3]

这两部关于日本艺术的重要著作都有很多有趣的地方,其中之一

---

1 埃米尔·吉美(Émile Guimet,1836—1918),法国实业家、旅行家和收藏家,1876 年与插画家费利克斯·雷加梅(Félix Régamey,1844—1907)前往远东旅行,足迹包括日本、中国等地。他也是吉美博物馆的创始人。(编辑注)
2 西格弗里德·宾(Siegfried Bing,1838—1905),将日本艺术引入西方的法国艺术商人,创办杂志《艺术日本》(*Le Japon Artistique*),推动了 19 世纪晚期新艺术风格的形成。(编辑注)
3 凡·高在书信中从未提到这本书的标题或作者,但是对它非常熟悉。他有可能是在宾的店里发现了冈斯的书。

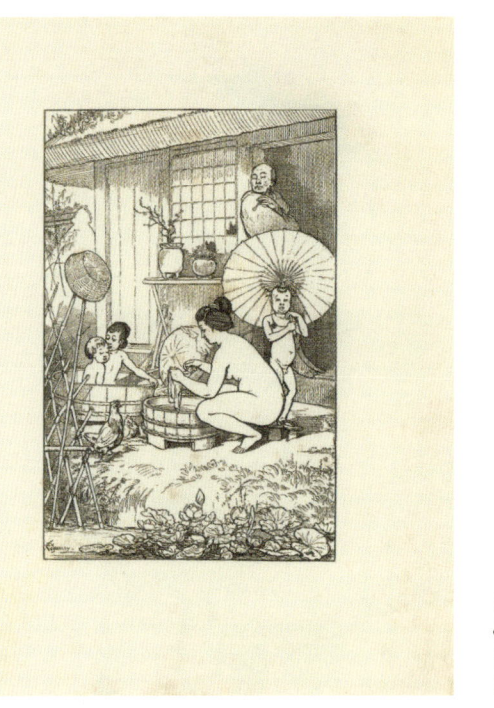

埃米尔·吉美
《日本漫步》
费利克斯·雷加梅插图
Paris: Charpentier, 1878

"在这样一群活泼又陌生的人当中生活，感觉真的很奇怪。每时每刻你都能发现一个图像、一个姿态、一群人、一个场景，是我们之前在陶瓷或油画作品中看到过的。而现在，场景是真的，人群在对你微笑，姿态不是摆出来的，图像也不是一场梦境。"

埃米尔·吉美，《日本漫步》

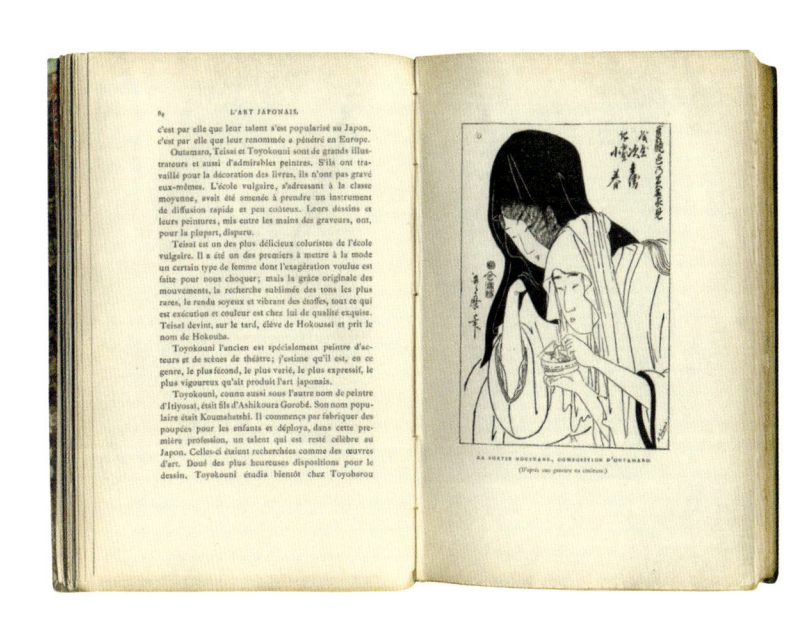

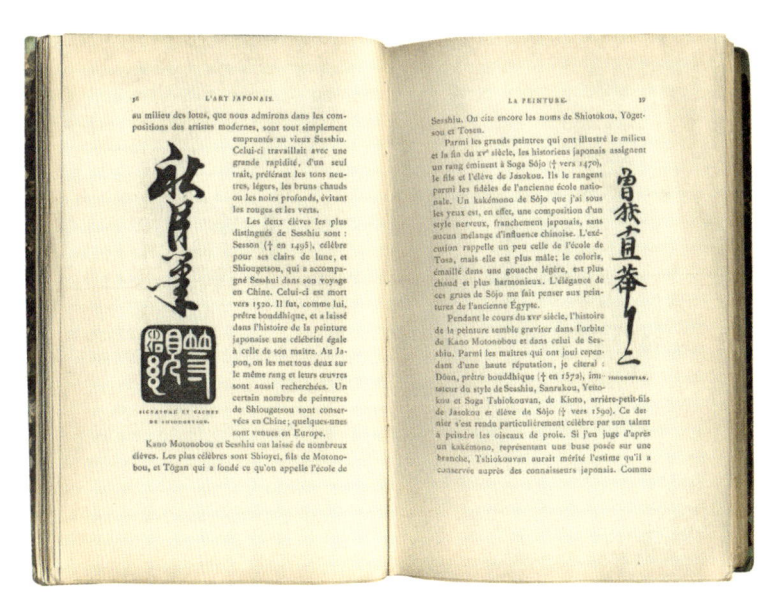

路易·冈斯
《日本艺术》
Paris: Quantin, 1886

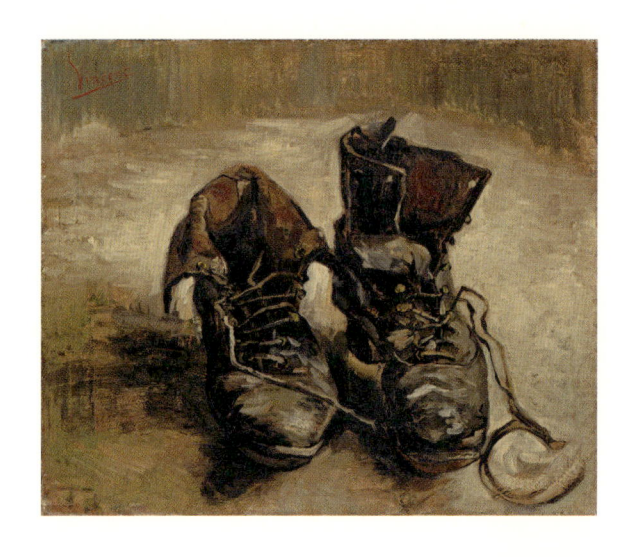

凡·高
《鞋》及其细部（右图）
布面油画
38.1cm × 45.3cm
巴黎，1886 年下半年

就在于，它们在视觉层面上体现了当时的西方画家与东方艺术的渗透。一方面，我们看到一位法国艺术家在日本写生；另一方面，我们看到盖拉尔的黑白插画模仿了日本的原作，并常常带有两种签名（东方的和西方的）。有趣的是，冈斯花费大量精力研究日本画家的签名。对于每一位研究过的画家，他在书的页边空白处为读者列出签名的示意图，模仿得惟妙惟肖。

东方艺术渗入西方，渴望实验创新——基于这样的视觉语境，我们发现了隐藏在凡·高最著名作品背后的一个耐人寻味之处。1886 年秋天，他在巴黎画了五个版本的《鞋》(Shoes)，其中一幅的画面右前

第四章　光之城

凡·高
《雨中的桥》（仿歌川广重）
布面油画
73.3cm×53.8cm
巴黎，1887年10月至11月

部有一个独特的小细节。但由于《鞋》中两只正面描绘的鞋，引起了德国哲学家马丁·海德格尔的兴趣，占据了这位观察者的全部注意力，以至于这处迷人的细节在一个世纪之后依然无人注意。[1] 这个细节令人费解之处在哪里呢？原来，凡·高将左脚鞋上粗厚的鞋带画成了别的东西——一段圆环形的小树枝，也可能是根。或许也可以看成……东方的书法。这种变形产生了绝妙的效果：鞋带不再是一条带子，而且它再也不可能被系起来了。

凡·高的小树枝与歌川广重"竖版"的《东海道五十三次》系列作品（凡·高也有收藏）中裸露的树根有相似之处，后者画中的很多树木好似要移动，它们裸露的树根也仿佛在舞动。然而事实上，除了这个视觉回响，我们在鞋旁边看到的这段环形的根，它还体现了一种身体和心灵的姿态。它躺在画布上，就好像画布本身已经变成了一页供人书写的纸张。在观者的眼中，它暗示了一种令人安心、几近诗意的姿态。这是对东方书法的回响吗？这个圆形，是启示的象征，是宇

---

[1] 凡·高在巴黎时画过五版不同类型的《鞋》。书中所选的这幅《鞋》（F255/JH1124）已经掀起了持久而热烈的哲学争论，这场争论最初是由海德格尔发起的。亦参见意大利哲学家罗科·龙基的专著《凡·高的鞋与日本》（*Van Gogh's Shoes and Japan*，2017）。

《巴黎画报·日本》第 82 页和封底
1886 年 5 月

宙力量的象征？圆形不会给人压力，也不会令人激动。这一熟练的笔触，捕捉到的正是一个瞬间的神韵。

这一笔虽简单却令人费解，而且包含了一个重要的方面，预示了凡·高所有作品发展过程的一个特点。在日本文化界，书法家和画家使用同样的工具（进行书写、绘画和绘图），也就是毛笔。1887年秋天，凡·高模仿歌川广重的两幅版画（《名胜江户百景》之《龟户梅屋铺》《大桥骤雨》），绘制了著名的油画《开花的梅树》（Flowering Plum Tree）和《雨中的桥》（Bridge in the Rain）。在画中，他借装饰性画框的形式画了一些日语字符，这看来并非偶然。这些字符并不是他自创的，而是临摹自他收藏的日本版画。在《雨中的桥》中，画框左下角有歌川广重的花体签名，这对于一个学习书法的新手来说已经仿得不错了。凡·高当时的体验对于一位西方画家来说恐怕是全新的：绘画与书写等同。后来在普罗旺斯，他还会进一步推进，在书法式笔触的运用和采用芦苇笔画的素描中，将其发展到几近抽象的新高度，形成一种识别度很高、极具个性的风格——一种真正的书法艺术。

在巴黎，日本艺术收藏者和批评者形成的圈子非常活跃，其中林忠正是当时售卖日本工艺品的著名商人，他在东西方两种文化之间起到了重要的沟通作用。他为1886年5月《巴黎画报》的日本特刊撰写了一篇内容全面的文章，成为第一个向西方人介绍日本的日本人。这一期特刊完全是以这篇文章为基础的，林忠正在文中谈到了"历史""气候""法律""切腹""教育""居住""婚姻""剧场与表演"等主题。文章中有一段探讨了"日本人的性格"，在作者看来，所有的日本人都"热爱国家，孝顺长辈，有耐心，能对艺术产生共鸣"。为了获得时尚高级、引人注目的效果，杂志的主编夏尔·吉洛精心地编排了文本，并配以契合的彩色图片。在这些日本风格的页面中，有一页是将图像和文字按对角线斜着分成了两部分。在特刊的最后是很吸睛的封底，上面印着销售日本瓷器的广告："我们有幸能够为我们的读者提供难得的机会，即拥有来自本期特别介绍的国家——日本——的最有趣的小摆件儿。如有购物需要，请来信至维克多街49号日本产品部。"林忠正不久以后就会在同一条街的65号开设自己的精品店。

尽管凡·高在书信中从未提及林忠正，但是他非常熟悉这本特刊。

凡·高
《三本小说》(以及画板背面)
板上油画
31.1cm × 48.5cm
巴黎，1887 年 1 月至 2 月

第四章 光之城

1887年上半年，他在同一种不常见的材料上画了两幅奇怪的静物画，材料是日本盒子上的椭圆形木嵌板。在这两块嵌板的反面，我们可以读到它们的来处：超立工商会社。这家公司为很多售卖东方货品的店铺供货——自1878年世界博览会上的日本亭子大获成功之后，售卖东方货品的店铺就像雨后春笋一样，在巴黎大量涌现。凡·高的这两幅画，一幅是《风信子花球》(Hyacinth bulbs)，另一幅是《三本小说》(Three Novels)。这些书是凡·高在巴黎画的第一批书，也是自1885年《有圣经的静物》以来第一幅单独以书籍为描绘对象的画作。三本书上都绘有清晰可见的标题——让·黎施潘[1]的《老实人》(Braves Gens)摞在埃德蒙·德·龚古尔的《少女爱丽莎》(La Fille Elisa)上面，两本法语小说都是黄色封面；在它们后面是左拉的《妇女乐园》(Au bonheur des dames)，封面是摩洛哥红色，与前两本书形成鲜明对比，凡·高在纽南的时候就非常爱读这本书。通过描画这三本书——由三位不同的在世作家所写——凡·高宣告了广泛的当代文学阅读对促进个人成长的重要性。他的小说阅读视野在另一幅画《一篮风信子花球》(Basket of Hyacinth Bulbs)中也得到了呼应，画面呈现了正在萌芽的花球，这并非偶然。

在巴黎的第二年，凡·高不知疲倦地进行了各种尝试，来发展自己的风格。他的用色很快变得更明亮，笔触也发展出新印象派的特点，对点彩派也有了自己的理解。他非常明确地想要熟练运用纯色，所以在桌上放了一个红色的漆盒，里面放满了各种颜色的毛线球。他心里想着勃朗的色彩理论，以及他在荷兰时间的织工的机器，用毛线球检测画中的色彩组合。[2] 其中的十六个毛线球一直在红盒子里保留至今。

尽管我们并不知道凡·高迷上日本版画的确切时刻（就像其他很多画家一样），但是风靡巴黎的日本艺术——从戏剧到画廊到商店——对他产生了深刻影响。他特别喜欢浮世绘，后来收集了上百幅这类版画。他的书信从未提及《巴黎画报·日本》这期特刊，但是如果我们看一下特刊专门选登的这两幅日本版画（风景画和人物画），就很容易找到让凡·高痴迷日本版画的丘比特之箭来自何处。除了尺寸不同之外，

---

[1] 让·黎施潘（Jean Richepin, 1849—1926），法国诗人、小说家和剧作家。（编辑注）
[2] 德拉克洛瓦也曾用毛线球将色彩体系视觉化，但是我们不清楚凡·高是否知道这一点。

《葛饰北斋——日本圣山富士山麓》
《巴黎画报·日本》
1886年5月

这两幅画完全复制了原作，都配有法语说明。第一幅画《葛饰北斋——日本圣山富士山麓》在西方人看来是出色的风景画，对于像凡·高这样热爱大自然的人来说尤其如此。在画面前景我们并没有看到一棵完整的树，而是只看到它的枝干，它突兀地立在我们面前，并将画面一分为二。在凡·高研究过的荷兰、英国和法国风景画中，还没有如此有力的构图。第二幅画尺寸较大，占据了一个跨页，名为《喜多川歌麿——日本料理》。在这里我们看到了凡·高从日本传统中借鉴的所有至关重要的新画法，从对角线构图，到高对比度的用色——背景用黄色，人物则用较暗的黑色。这两幅画将为凡·高在普罗旺斯创作的几幅作品提供灵感（参见第144、157页）。

第四章　光之城

《喜多川歌麿——日本料理》
《巴黎画报·日本》
1886 年 5 月

看看这两个影响深远的例子——现在人们普遍认为 1886 年春天凡·高手里就有这两幅画的印刷版——不难想象不久以后凡·高就开始购买这类画作。他整天待在西格弗里德·宾的阁楼里，快速翻阅了大量的浮世绘，它们多出自浮世绘大师——歌川广重、歌川国芳、葛饰北斋、歌川国贞、丰原国周，还有很多不那么著名的画家。他的浮世绘收藏很快就达到了六百六十件左右，并于 1887 年 2 月至 3 月间在铃鼓咖啡馆（Le Tamburin，是一间位于蒙马特的咖啡馆，画家们经常出入那里）策划了一场展览，想要出售一些收藏的浮世绘。[1]

1　凡·高从西格弗里德·宾那里买的版画"存货"都"质量平平"〔642〕，每张售价十五分（大概是一杯开胃酒的价钱）。

为了庆祝自己又有了新的激情，1887年秋天，凡·高画了一幅大尺寸油画《唐吉老爹》（Père Tanguy），这幅画也成为他创造力的象征。这是他为朋友所绘的肖像，而这位朋友就是颇有声望的巴黎颜料商人于连·唐吉。这幅画的背景装饰着排列拥挤的鲜艳图画，都是他喜欢的日本版画，主题也都是自然，以及生命与四季的轮回（参见第110、111页）。根据埃米尔·贝尔纳的说法，唐吉和凡·高的世界观都很理想化，在这幅画中，凡·高就是按日本僧侣的样子来描绘他的——富士山从他的帽子后面出现，就好像一个想法的泡泡。画中所绘版画的大小接近实际尺寸，因此它们很可能当时就摆在唐吉老爹的身后。凡·高用短促、重复的笔触进一步将人物融于背景之中，整幅画非常均一，没有远近的空间感，几乎是扁平的。头一次，凡·高在肖像画中超越了"再现"的范畴，不再关心是否肖似。

在巴黎的两年里，凡·高很少写信，因为两兄弟住在一起，但是从一封给妹妹威尔的信中，我们可以知道凡·高阅读的兴趣和以前一样浓烈。在他和妹妹的往来书信中，现存的部分开始于1887年10月下旬，当时他在巴黎。威尔那时想要成为一名作家，她寄给凡·高一篇短篇习作。凡·高鼓励她跟从自己的直觉，展现自己的天性，还说到了我们每个人身上具有的"生长的力量，就像一粒小麦中所蕴含的力量一样"。他坚定地认为，写作并不需要学习——"不用，我亲爱的小妹，去学舞蹈吧……"[574]凡·高给"小妹"的信十分动人，他的语调自在又充满了保护欲。这些书信能让我们深入了解他的文学思想，因为他给威尔提了一些阅读建议，建议她读一些当代作家的作品——埃米尔·左拉、埃德蒙·德·龚古尔、莫泊桑，他们也是最杰出的法国自然主义作家代表。从他给妹妹提出的热心建议可以看出，他阅读了大量的小说，而且"刚刚读过莫泊桑的《温泉》（Mont Oriol）"，这本书当时刚印出来。

1887年秋天，凡·高两次描绘了堆成几摞的"巴黎小说"（《几摞法国小说》；《法国小说和玻璃杯里的玫瑰》，又名《巴黎小说》。参见第7、112页）。这些书籍散放在桌上，它们的标题很难辨认。《法国小说和玻璃杯里的玫瑰》比之前准备性的习作尺寸更大，描绘也更加细致。画中的书都是平装本，很多是黄颜色的封面，是他那个时代法国自然

凡·高
《唐吉老爹》
布面油画
92cm×75cm
巴黎，1887 年

歌川国贞
《歌舞伎花魁·三浦屋的高尾》
彩色木版画
36cm×25cm
1861 年

歌川广重
《富士三十六景·相模川》
彩色木版画
36.4cm×25.5cm
1858 年

歌川广重
《东海道五十三次·石药师寺附近的源义经系马樱》
彩色木版画
36.4cm × 25.5cm
1855 年

佚名日本画家（活跃于 1860—1880 年间）
《东京名所·入谷：朝颜花》
彩色木版画，绉纸
27.6cm × 19.2cm
19 世纪 70 年代

凡·高
《法国小说和玻璃杯里的玫瑰》(《巴黎小说》)
布面油画
73cm × 93cm
巴黎，1887 年 10 月至 11 月

"我也觉得你把那幅画了好多书的画放在《独立报》的展览上是个好主意。这幅习作应该叫作'巴黎小说'。"
给提奥的信，阿尔勒，1888 年 3 月 10 日〔584〕

"这位老人安详地坐在明亮的蓝色房间里，读着一本黄色封面的小说——旁边有一杯水，里面有一支水彩画笔和一枝玫瑰。"

给埃米尔·贝尔纳的信，阿尔勒，1888 年 8 月 5 日〔655〕

皮埃尔·皮维·德·夏凡纳
《男人肖像》（欧仁·贝农）
布面油画
尺寸不详
1882 年

主义小说的典型设计，大多是由乔治·夏庞蒂埃出版的。画面的前景处有一本打开的书，书右边有一本蓝色封面的书，两书形成对照。后者可能是"莫泊桑的杰作"《漂亮朋友》(*Bel-Ami*)，甚至也可能是《温泉》——我们知道凡·高"刚刚读过"这本书。[1] 对于凡·高来说，书籍——在这里尤其指法国文学——提供了一种理解自身以及周遭世界的方式。在这幅画中，他向我们呈现了一份信念宣言：对法国现代叙事作品的崇高敬意。在提奥的建议下，这幅作品于 1888 年 3 月在巴黎《独立报》(*Les Indépendants*) 的年度展览上展出，于是我们得知，"这幅习作应该叫作'巴黎小说'"[584]。

我们并不知道这两幅油画的具体创作日期，一般认为它们创作于 1887 年 10 月至 11 月之间。有意思的是，我们从一封凡·高后来寄自阿尔勒的信中得知，在巴黎的时候，他对夏凡纳画的"一幅非常精美的肖像"印象深刻："这位老人安详地坐在明亮的蓝色房间里，读着一本黄色封面的小说——旁边有一杯水，里面有一支水彩画笔和一枝玫瑰。"[655] 他看到这幅画时身处的展览，应该是"皮维·德·夏凡纳先生油画、水粉画及素描作品展"，该展览于同年 11 月 20 日至 12 月 20 日期间在巴黎杜兰德—鲁埃尔画廊举办。或许是在那里，在那幅画前，凡·高重新燃起了渴望，想要重新画"阅读者"的题材。不仅如此，作为对夏凡纳的致敬，凡·高在第二幅画里加上了一个玻璃杯，里面有三朵玫瑰花蕾，献给那位"如此睿智又如此精准"的画家，他的作品深入到"我们自己时代的私密之处"[655]。

凡·高在巴黎所作的这两幅油画没有模特，没有年老的男子，这与荷兰时期的四幅纸上作品不同，后者都将年长的人描绘成阅读者（参见扉页前插图，以及第 13、54 页）。就"读者形象"表达出一些"现代的"东西，并不是一件容易的事。在所有的自画像作品中，凡·高都没有画自己拿着书的形象；他在为朋友亚历山大·里德画肖像时——当时里德和兄弟俩住在勒比克街——也没有放本书在里德手里，而是让这位苏格兰画商坐在扶手椅中。《巴黎小说》是他对于"读者问题"的一个非常私人的、个性化的解决办法，他在画中将这些书籍描

---

[1] 法国的"Victor-Havard, éditeur"出版过很多蓝色封面的莫泊桑小说:《温泉》(1887)、《漂亮朋友》(1885)、《哈莉特小姐》(*Miss Harriet*, 1884)、《小罗克》(*La petite roque*, 1886)。

凡·高
《有小雕像的静物》
布面油画
55cm×46cm
巴黎，1887年下半年

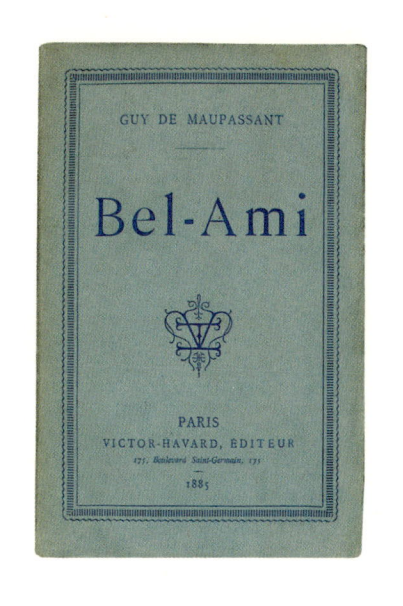

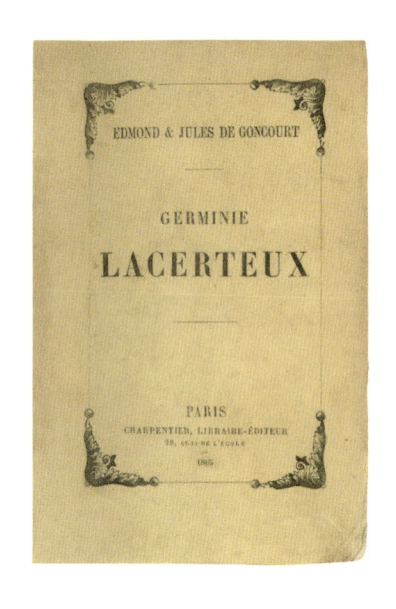

［左图］
居伊·德·莫泊桑
《漂亮朋友》
Paris: Victor–Havard, 1885

［右图］
龚古尔兄弟
《热米妮·拉舍特》（1864 年）
Paris: Charpentier, 1884

"比如说我吧，谁能数得清，在我人生中的这么多年里，有多少次完全丧失了大笑的意愿——先不说是不是我自己的原因——我首先需要的就是大笑一场。而在读莫泊桑的小说时，我找到了那种感觉……反过来，如果一个人想要寻求真相，生活本来的面貌，那么，比如说龚古尔兄弟的《热米妮·拉舍特》《少女爱丽莎》，左拉的《生之喜悦》《小酒店》，还有很多杰出的作品，他们对生活的描绘，就如我们亲身经历的一般，由此满足了我们的需要，并告诉我们真相。"

给威尔的信，巴黎，1887 年 10 月下旬〔574〕

绘得像是自己的朋友。第一幅画《几摞法国小说》中有二十一本书，画得比较随意；第二幅画《巴黎小说》中则有二十二本书，也可能是二十三本。读者即使没有在画面中，但也是在场的：在两幅画中，前景处都有一本打开的书，像是发出阅读的邀请。遗憾的是，我们无法辨认书页上的内容。

在1887年末到1888年初的这段时间，凡·高又回到了"阅读者"这个主题，这回他画了一幅全新的作品：《有小雕像的静物》（*Still Life with Statuette*，参见第115页）。他画了两本书，一本书的封面是黄色的，另一本是淡蓝色的。这一次他仔细仿写了标题，黄色封面的是龚古尔兄弟的《热米妮·拉舍特》（*Germinie Lacerteux*），淡蓝色封面的是莫泊桑的《漂亮朋友》。紧挨着这两本书的是一件小石膏像，它也是凡·高的藏品。在背景处，想象中的蓝色"夜空"与柠檬黄的衬布形成鲜明对比。凡·高又一次在画中插入了一枝有三朵花蕾的玫瑰，几乎与《巴黎小说》里的玫瑰一模一样。花卉和雕像以前也经常出现在荷兰绘画大师的静物画中，是画家传统的标志和象征。然而在这里，凡·高更新了静物画的形式，他围绕着书本构图，忠实地描绘它们的封面，甚至由此来决定画作的其他部分使用哪些颜色。透视关系的缺乏，沿对角线展开的不对称构图，以及如此大胆的俯视角度，都赋予这幅画以东方趣味（参见第101页）。

龚古尔兄弟的《热米妮·拉舍特》讲述了一个现实的故事：一个名叫热米妮的年轻女仆晦暗不堪的双重生活。两位作者的叙事中包含了对东方物品的丰富描述。在该书的序言中，龚古尔兄弟预见了后来被称为"自然主义"的创作潮流。这部小说的故事发生在工人阶级中，是凡·高最喜欢的作品之一，他认为此书如实反映了"真相，生活本来的面貌"[574]。莫泊桑的《漂亮朋友》中英俊的主人公，极受巴黎上流社会女性的欢迎，他利用自己这方面的成功向上爬。凡·高从阿尔勒给提奥写信，开玩笑地抱怨——自己很难说服普罗旺斯的女性为自己摆姿势当模特，"我不是个'漂亮朋友'，所以我没办法说服她们"[604]。分别基于女性人物和男性人物的这两部小说，作为对新时代的真实描绘，共同呈现在这幅色彩缤纷的油画上。凡·高在给威尔的一封信中列了一份名单，其中都是作品"出众"的作者：莫泊桑、龚古尔兄弟、

凡·高
《有日本版画的自画像》
布面油画
43.2cm×33.9cm
巴黎，1887—1888 年

第四章　光之城

以及左拉、福楼拜、黎施潘、都德、于斯曼[1]。事实上，就像凡·高在1887年10月下旬的信中所说的，"如果一个人不熟悉这些作家，那么他绝对不能称得上属于这个时代"[574]。

新年又到了，凡·高开始觉得疲惫不堪，需要重新振作起来。巴黎社会的热情缓慢地在他内心积聚，就像压力锅内部的水蒸气。他决定前往普罗旺斯，寻找更强烈的光线，寻找一个更有活力的太阳。"农民画家"在"光之城"经历了令人惊奇的转变。短短两年内，他创作了超过两百幅画作，逐渐发展出自己的绘画风格，并彻底改变了过去的用色。他完成了一场激烈的战斗，画了不下二十七幅油画自画像，不断地凝视镜中的自己，心中始终怀着不计其数的想法和抱负。他还迷上了日本版画并收藏了上百幅画作，其中的一幅被他画进了《有日本版画的自画像》(*Self-Portrait with a Japanese Print*)的背景中。在这幅画中，凡·高第一次把双眼画成了杏仁的形状，绿色的眼睛又呈现出多种色调：虹膜和瞳孔画成了土绿色，其他部分则画成了海绿色。这幅肖像并不出名，但是非常动人，它就像一张照片，记录了这位准备逃离巴黎，去法国南部寻找"他的日本"的画家的模样。凡·高艺术发展过程中的这段过渡期，也反映在他阅读品味的变化中，或许部分地受到了后者的影响。在巴黎的这几年是凡·高从阅读"旧作家"转向"新作家"的分水岭，就像他在信中对妹妹所说："在我看来，现代人的好处就在于他们不会像以前的人那样说教。"[574]但是巴黎不能再为他提供更多的东西了，普罗旺斯在召唤他。

1　若利斯—卡尔·于斯曼（Joris-Karl Huysmans, 1843—1907），法国小说家，前期从事自然主义文学创作，之后转向象征主义，是19世纪法国文学史中承前启后的人物。（编辑注）

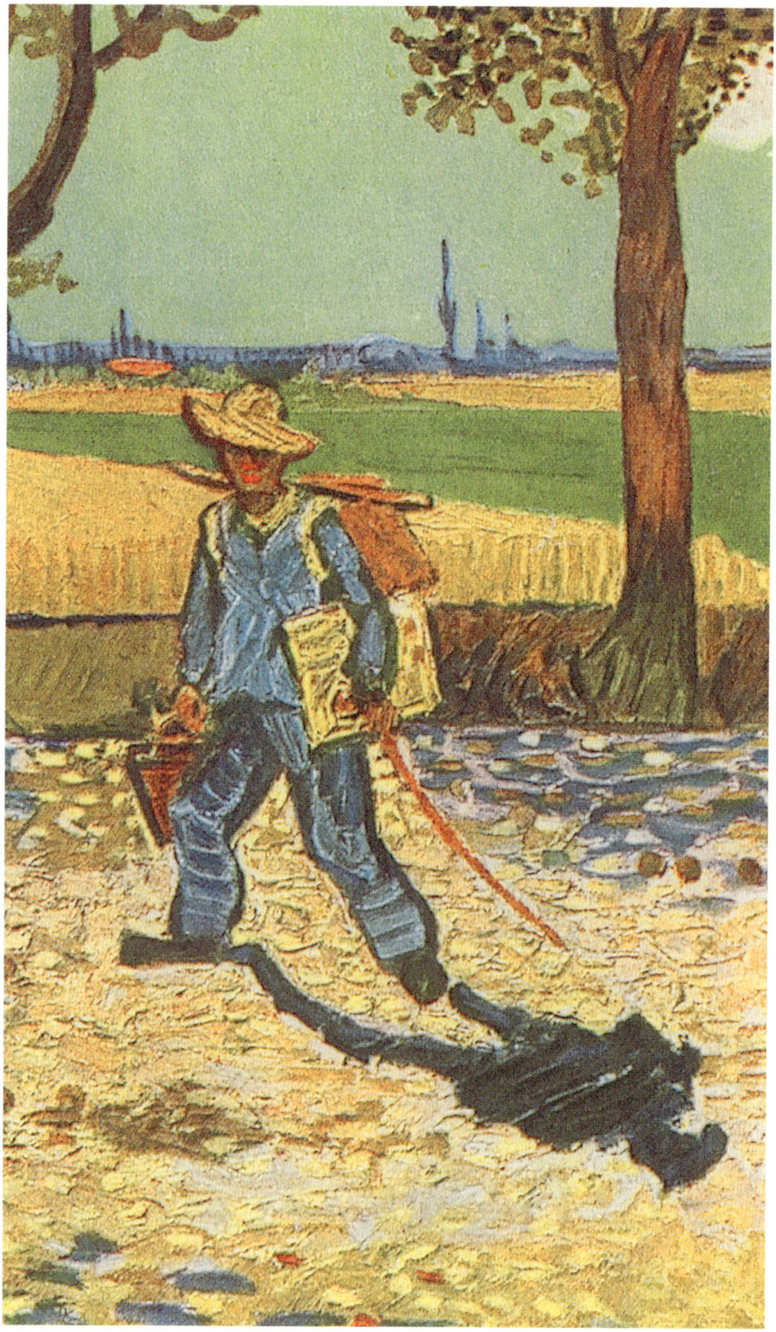

第五章

普罗旺斯岁月

"我此时就在日本"

1888年2月19日，星期天，凡·高离开巴黎，去寻找一个远离喧嚣之都的新世界。他既像一位画家，又像一个探险家一样南下冒险，一如德拉克洛瓦，为了追寻新的光线与色彩，"认为必须去南方，甚至远到非洲"[682]，在那里"他才能看到一轮新的太阳"——夏尔·勃朗在《我们时代的艺术家》当中这样写道，而凡·高在荷兰的时候就很喜欢读这本书。"不仅是在非洲，即使在阿尔勒这里，你也能自然地发现红色与绿色、蓝色与橘色、黄绿色与淡紫色之间的精妙对比"[682]，凡·高后来从普罗旺斯给弟弟写信说道。德拉克洛瓦，"这位最伟大的色彩运用者"[682]，现在成了凡·高在色彩世界当中的向导。

这一次，呼唤凡·高的不是秋天，而是春天。等待他的，不是博里纳日的黑暗，也不是德伦特地区干枯的树叶和黑色的煤块，而是光，是太阳，是色彩。他动身前往南方预示了新阶段的开始，也正是抱着这种心态——更多乐观，而不是忧伤——他离开了巴黎。他随身携带的文学作品是冒险和讽刺文学的新著。特别是其中的两本小说——都是法文的——奠定了他在普罗旺斯前几个月的基调：阿尔丰斯·都德写的滑稽英雄达达兰的故事，以及皮埃尔·洛蒂写的《菊子夫人》（*Madame Chrysanthème*）——描写了发生在日本的传奇爱情故事。凡·高抵达阿尔勒的那天，大地覆盖着一层厚厚的白雪，"就像日本画家笔下的冬日风景"[577]，凡·高激动地给提奥写信说道。这就是他对普罗旺斯的印象，这个地方就是他的日本。

凡·高最富野心的目标之一，就是在法国南部建立一个画家组织。他想到了自己的几位画家朋友：高更、贝尔纳、拉瓦尔以及西涅克……

5月，凡·高找到了住所，他后来称之为"小小的黄房子"："这是非洲和热带地区与北方人民的中途之家。"〔714〕黄房子有四个房间，是拉马丁广场一栋楼房的"右翼"。自凡·高开始其画家生涯以来，他就十分珍视这个梦想，而这间黄房子就是他迈出的具体的第一步〔626、602〕。那是一个充满复苏和振奋、质朴与真诚的季节，他有一间等待装修的房子，十二把椅子，两张床。

在阿尔勒的头几个月里，凡·高创作了一系列富有诗意的自然习作，并在其中融入了日本艺术的元素——这种日本艺术是他自己的独创。一小段杏树枝，"已经开花了，不过还是光秃秃的"，盛在一个简单的玻璃杯中，被玻璃杯周身密布的光亮环绕——这是他当时创作的第一批油画之一，画的是"两幅小习作"〔582〕。第二幅画则是非常和谐的粉色。在树枝后面有一本粉色的书，非常厚的一本，但是没有画出标题。封面颜色的选择可能仅仅是出于画面色彩的考虑，为了和花朵相呼应。这幅画是送给妹妹威尔的礼物，她很快就要26岁了。

凡·高在普罗旺斯的书籍"旅伴"，与他在巴黎读过的相比，不那么严肃，更有趣，也更轻松一些。比如都德的《达拉斯贡的达达兰奇遇记》（*Aventures prodigeuses de Tartarin de Tarascon*）及其续篇《达达兰在阿尔卑斯山》（*Tartarin sur les Alps*），其中塑造了大胆鲁莽的达达兰。这个人物逗得凡·高开怀大笑，而该书的封面插图也暗示了其中的喜剧内容：来自乡下的主人公既笨拙又狡黠，总能让自己陷入某些无法想象的境地。都德的讽刺小说嘲弄了法国南部的男人，尤其是达拉斯贡当地人，而凡·高到处都能看到这位夸张的本地英雄的影子——这些人物令他想起"纯粹的讽刺漫画家杜米埃"〔695〕。凡·高好奇地想要看看达拉斯贡这个镇，它就在阿尔勒北方二十公里的地方，于是他立即计划了一次旅行。6月4日他到了滨海圣玛丽，画了地中海的海浪，并给提奥写信说："下周我要去达拉斯贡，去画两三幅习作。"〔619〕我们知道，他大概6月10日踏上了旅途："我有一天去了达拉斯贡，很不走运，那天阳光太烈、灰尘漫天，我回家时两手空空。"〔623〕不过他的收获姗姗来迟。他创作了一批令人惊叹的作品，其中第一幅是独特的自画像："一幅我自己的速写，我背着几个箱子，拿着一根手杖和画板，走在达拉斯贡洒满阳光的小路上。"〔660〕（参见第129页）巨

凡·高
《玻璃杯中的杏花，以及一本书》
布面油画
24cm×19cm
阿尔勒，1888 年

"就我来讲，我也一定要祝你生日快乐——我要给你一幅我画的画，你会喜欢的。我要为你选一幅画了花和书的小习作。"

给威尔的信，阿尔勒，1888 年 3 月 30 日〔590〕

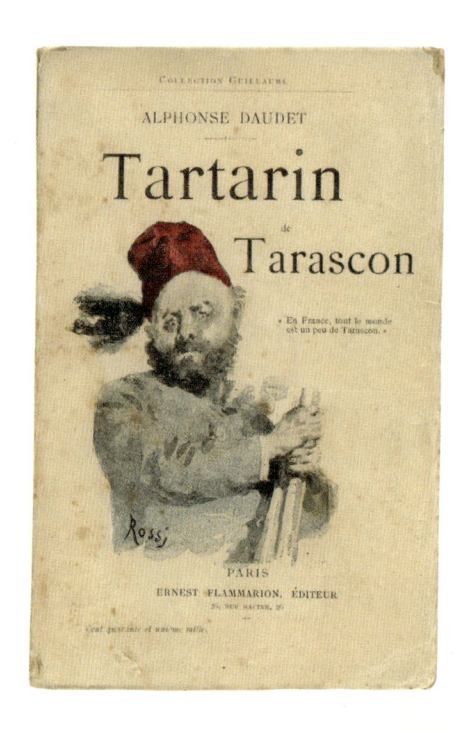

"我刚读完《达达兰在阿尔卑斯山》,非常喜欢这本书。"
给提奥的信,阿尔勒,
1888 年 3 月 9 日〔583〕

［上图］
阿尔丰斯·都德
《达拉斯贡的达达兰奇遇记》,1872 年
Paris: Ernest Flammarion, c. 1880

［右图］
阿尔丰斯·都德
《达达兰在阿尔卑斯山》,1885 年
Paris: Marpon et Flammarion, 1886

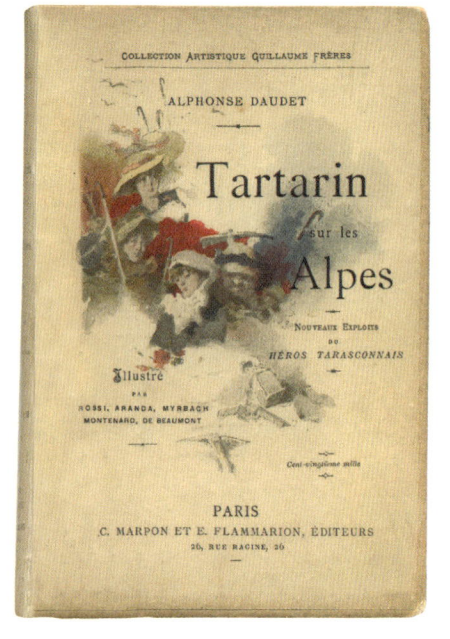

第五章　普罗旺斯岁月

大的太阳虽然没有画出，但它早已用金黄色渗透了整个画面。虽然画中人的眼睛被草帽遮住了，但是他似乎盯着观看者，将他们拉进这个热烈的画中世界。不幸的是，这幅画作在第二次世界大战期间佚失了，只留下了照片。这是唯一一幅我们能看到凡·高全身的自画像，虽然只是简单地描绘了画家在日光下的样子。

凡·高在去往达拉斯贡的路上所遭遇的"灰尘"，在 8 月中旬再次进入他的视野，当时他围绕着"白蓟花和路上的细灰"〔659〕创作了两幅富有诗意的画作。我们现在能看到的有两幅《蓟花》(Thistles)，其中一幅表现的就是路边浅白色的蓟花（参见第 126 页）。画面远景中有一个女人，画面前景中落满灰的白色蓟花成为这幅画的主体。凡·高尝试着描绘这样一幅图景，如此不同寻常，如此"灰扑扑的"——他的焦点在"灰尘"本身，而不是某个闪耀发亮的东西，这就是他的诗意所在。这种诗意在观念上与他在巴黎所画的瓶中向日葵和旧鞋子一脉相通。他渴望审视磨损或时光流逝的痕迹，这种渴望不断出现在他的创作中。画家的目光提升了这些简单事物的价值，并通过对它们的描绘而赋予其尊严。几天之后，在一封寄给朋友贝尔纳的信中，凡·高说到了"落满灰的蓟花，有一大群蝴蝶在它们上方旋转飞舞"〔665〕。[1]
不久之后他告诉提奥，自己"正在画另一幅习作"，有"一大群白色和黄色的蝴蝶，数也数不清"〔666〕，但这幅画并不为人所知。如果我们快速翻阅《达达兰在阿尔卑斯山》这本书（水彩画插图版，1885 年由"Calmann-Lévy"出版），会看到一幅精美的插图（参见第 127 页），并从中获得一些关键线索——凡·高创作这些"达拉斯贡"画作的灵感来源。这幅水彩画描绘了一个男人走在很白的路上，画面前景中的一枝蓟花很突兀地遮住了整个场景，三只蝴蝶绕着它盘旋飞舞。图注中说到了灰尘："……那条通往达拉斯贡的路十分美丽，路面完全是白色的，布满了灰尘。"尽管凡·高在信中从未提到这幅插图，但肯定从

---

[1]　凡·高给贝尔纳写的原文是："Ensuite je cherche des chardons poussiereux avec grand essaim de papillons tourbillonnant dessus."这句话含义模糊，它可以指简单的"然后我要找落满灰的蓟花，有一大群蝴蝶在它们上方旋转飞舞"（本书建议采取这种理解，参见第 126 页）；或者可以在 ensuite（意为然后）后面加一个逗号（手稿中这个地方有空白），那么就可以这样理解："然后，我要试着画落满灰的蓟花……"（The Letters, 2009）凡·高经常省略逗号不写，但是在信中，他正确地使用了"chercher à"（意为寻求）这个法语结构。

凡·高
《蓟花》
布面油画
59cm × 49cm
阿尔勒，1888 年

"然后我要找落满灰的蓟花，有一大群蝴蝶在它们上方旋转飞舞。"
给埃米尔·贝尔纳的信，1888 年 8 月 21 日〔665〕

阿尔丰斯·都德
《达达兰在阿尔卑斯山》，1885 年
弗雷德里克·蒙特纳德插图
Paris: Édition du Figaro, Calmann–Lévy, 1885, p. 321

"……那条通往达拉斯贡的路十分美丽，路面完全是白色的，布满了灰尘。"

阿尔丰斯·都德，《达达兰在阿尔卑斯山》，1885 年

中获得了灵感——无论是视觉层面，还是文字层面。[1]

都德的《达拉斯贡的达达兰奇遇记》还催生了凡·高的《达拉斯贡的公共马车》（The Tarascon Diligence）："你还记得达达兰故事里写的达拉斯贡老式公共马车的哀叹吗——那一页写得特别棒。喏，我刚画了一辆红色和绿色相间的马车，停在客栈的院子里。"[703]在其中名为《被放逐的公共马车》的一章里，都德笔下的马车以人的口吻，抱怨了自己艰辛的一生，以及最终被流放非洲的命运。凡·高给提奥的书信很好地说明了他用来表达思想和感情的"文学"方式，以及他作为一位读者所拥有的艺术眼光。不仅如此，这些文字让我们停下来去思考一个事实：如果没有这封信——凡·高在其中明确地提到了启发他灵感的这部文学作品——当我们看到这幅画作时，可能永远不会想到，他当时心里想的是都德的这几页描写。或许是我们看不到的这个"艺术滤镜"，令凡·高的艺术如此"健谈"（talkative）——红绿相间的公共马车看起来充满活力。正如他在海牙时所做的那样，在普罗旺斯时期的作品中，凡·高运用了自己大部分的文学储备，但并没有受制于这些文学作品的影响；相反，他以高度个人化的方式，将文学、绘画和生活融合在一起。在这方面，画家在通往达拉斯贡路上的那幅自画像——因背着笨重的行李而显得有些笨拙，还有点"东方特点"——无疑是极好的证明。

在法国南部生活的最初几个月里，凡·高绘制肖像画的方式经历了某些细微但极为重要的转变。背景变得越来越平，令人想起他收藏的日本版画。凡·高当时也考虑到了"日本艺术中对色彩的简化处理"，注意到"日本［画家］不再重视'反映现实'，而是将纯色并置在一起"[622]的作画方法——他在 6 月写给朋友贝尔纳的信中提到了这一点。在巴黎的时候，凡·高尝试过在肖像画中安排不同的背景（采用印象派或点彩派的笔触，或是填满日本版画），而在阿尔勒，他想要成为一位"自由运用色彩的调色师"[663]，并在这个观念的引导下研究人物和

---

[1] 以蓟花为主体的画，我们所知的只有两幅油画和一幅素描，但画面中都没有蝴蝶：《蓟花》（Thistles，F447/JH1550，参见第 126 页）、《蓟花》（Thistles，F447a/JH1551），以及《路边的蓟花》（Thistles by the roadside，F1466/JH1552）。凡·高在后面的信中未提到有蝴蝶的蓟花，我们可能永远不会知道那幅"习作"是丢失了，还是被新画覆盖了。

第五章　普罗旺斯岁月

凡·高
《前往达拉斯贡路上的画家》
布面油画
48cm×44cm
阿尔勒，1888 年

凡·高
《达拉斯贡的公共马车》
布面油画
72cm×92cm
阿尔勒，1888 年

"多有趣的乡村地带，这是达达兰的老家！没错，我对自己的运气十分满意。这不是一座超凡壮丽的村庄，这根本就是杜米埃画中情景的现实版。你重读达达兰的故事了吗？哎，可千万别忘了读啊！你还记得达达兰故事里写的达拉斯贡老式公共马车的哀叹吗——那一页写得特别棒。喏，我刚画了一辆红色和绿色相间的马车，停在客栈的院子里。你会看到的。"

给提奥的信，阿尔勒，1888 年 10 月 13 日〔703〕

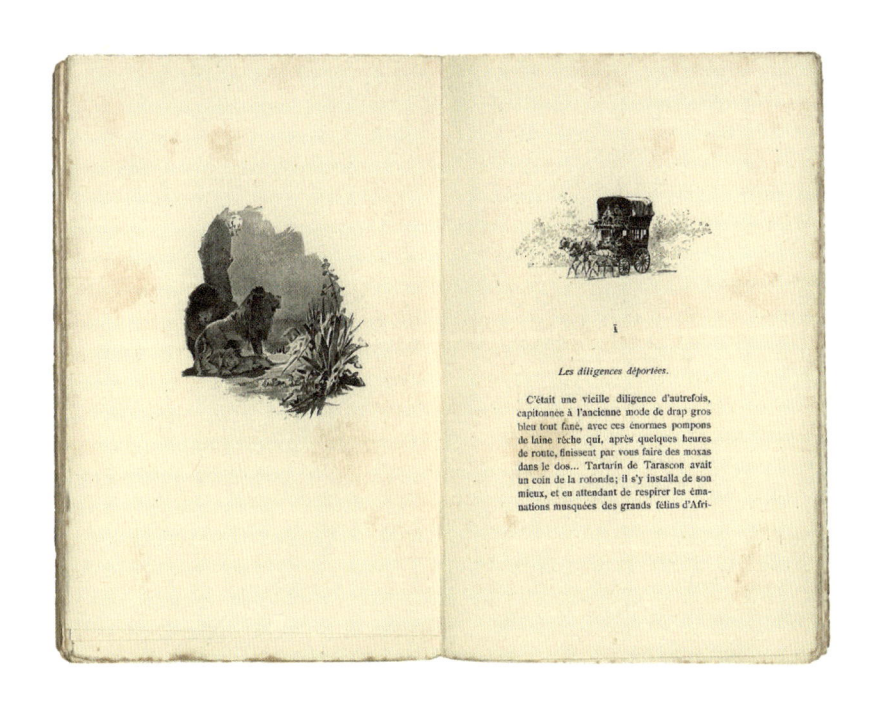

阿尔丰斯·都德
《达拉斯贡的达达兰奇遇记·被放逐的公共马车》
1872 年
Paris: Ernest Flammarion, c. 1880

"一旦博凯尔铁路建成，我就会被看成一无是处，被装船运往阿尔及利亚。而我并不是唯一一个有此下场的！祝你好运，等全法国所有的老式公共马车都像我一样被打发掉以后才轮到你。人们觉得我们太守旧了——"慢车"——瞧见了吧，现在我们在这里过着狗一样的生活。"
阿尔丰斯·都德，《达拉斯贡的达达兰奇遇记》

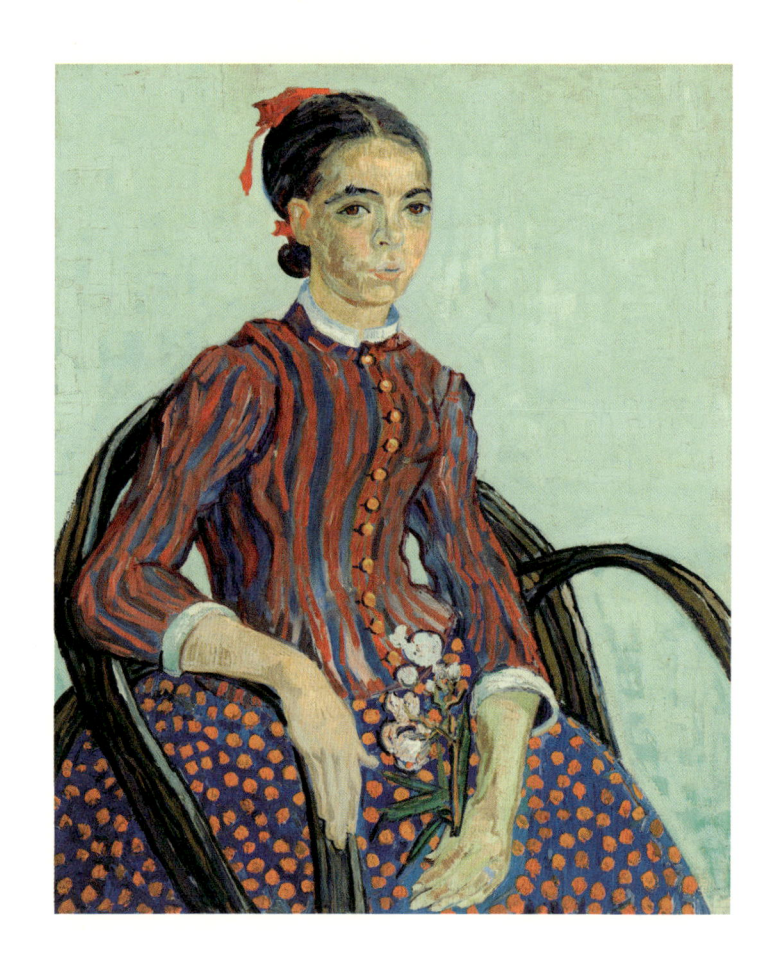

凡·高
《穆斯梅》
布面油画
74cm×60cm
阿尔勒，1888 年

"我刚刚完成了一位 12 岁的小姑娘的画像，她有一双棕色的眼睛，黑色的头发和眉毛，肤色灰黄，背景是纯色的——淡淡的委罗内塞绿，上衣是血红色带紫色条纹，裙子是蓝色带橘色大波点，可爱的小手里还拿着一枝夹竹桃花。"
给埃米尔·贝尔纳的信，阿尔勒，1888 年 7 月 29 日〔649〕

第五章　普罗旺斯岁月

背景之间的关系。凡·高的几幅习作就属于普罗旺斯时期这种作品的"典型"：第一幅《朱阿夫兵》(Zouave)[1]，画的是一位年轻的法国号兵；第二幅《邮差》(The Postman)，画的是他的朋友鲁兰；然后是《年老的农夫》(The Old Peasant)，画的是佩兴斯·埃斯卡利耶；最后是《情人》(The Lover)，画的是米利耶中尉。上述四幅肖像中，人物头部后面都是这种新式背景，近乎扁平，而且人物都有一个特征：戴着帽子。帽子在海牙时期曾是凡·高精心设计的道具（参见第 52 页），如今成为真正的服饰，用来标示他每一位模特的身份。朱阿夫兵头上红色带穗的帽子告诉我们，画中人是法国第三军团的一位号兵；鲁兰的蓝色帽子，上面有金色的字 POSTES（邮差）。埃斯卡利耶的草帽，还有米利耶红黑相间的帽子，这些要素让凡·高普罗旺斯版"人民的头像"越发清晰。

在普罗旺斯时期的这组画作当中，有一幅实在是独特，那就是凡·高的画家朋友欧仁·博赫的肖像。他将朋友描绘在蓝色背景下，那是"最丰富、最纯粹的蓝色……头呈明亮的金色，在深蓝色背景的衬托下，形成了一种神秘的效果，就像深邃蓝天中的一颗星"[663]。凡·高将这幅画作取名《诗人》(Le Poète)，但他想的是哪位诗人呢？虽然他和提奥住在巴黎的那些年里，诗歌非常流行，但是法国现代诗歌对他似乎没什么吸引力，比如象征主义或"颓废主义"的诗歌，在凡·高看来不过是"热衷于用特别复杂的方式讲述那些最平庸的事情"[630]。他也不像贝尔纳那样推崇夏尔·皮埃尔·波德莱尔[649, 651]。反倒是美国诗人惠特曼诗中有关存在的内容令他着迷。也正是在阿尔勒的这段时间里，他向威尔推荐了沃尔特·惠特曼的《哥伦布的祈祷》[The Prayer of Columbus，出自《草叶集》(Leaves of Grass)]。他在信中说："他看到一个健康的世界，它在未来，甚至就在现在，那里有大方、坦率的肉体之爱，有友爱，有成就，有缀满耀眼星光的苍穹——简言之，人们只能称之为上帝和永恒的世界，重新回到这个世界之上。"[670] 或许博赫背后星光闪烁的天空，就是惠特曼诗中那个缀满耀眼星光的苍穹。

那个春天，凡·高在普罗旺斯的另一本重要读物就是皮埃尔·洛蒂的《菊子夫人》[意大利作曲家普契尼受此书启发写出了歌剧《蝴蝶

1　"朱阿夫兵"是法国步兵，受训驻扎在非洲。

夫人》(Madama Butterfly)]。小说的背景设定在日本长崎，讲了一个法国军官临时娶了一位名叫菊子的日本女人的故事，因此书名为《菊子夫人》。凡·高对这本书极感兴趣，他觉得书中提供了"很多关于日本的有趣评论"[628]，于是立刻为"他的"穆斯梅[1]画了一幅肖像。"穆斯梅是指日本女孩——在这幅作品里则是普罗旺斯人——年纪在12岁到14岁之间"[650]，他向弟弟解释时引用了洛蒂的文字。在这位少女的半身像中，她"可爱的小手"[649]里拿着一枝夹竹桃花，深色的身形映衬着"淡淡的委罗内塞绿"[2]的背景。她的脸有着东方人的特点，这是受到了洛蒂在书中的描述，以及罗西为小说卷首所绘水彩画的影响：她是一位日本女人或女孩，头发束起，有一张娃娃般的面孔。凡·高特别喜欢夹竹桃，住在黄房子的时候还计划要"在门外的盆里种两棵"[685]，但看起来他从未付诸实施。不过，他在一个马约里卡陶瓶里插了一束开花的夹竹桃，并以其为主体画了一幅粉色花朵和绿叶交织的油画《夹竹桃花》(Oleanders)。陶瓶立在桌子上，它旁边还放着凡·高的另一个旅行伴侣——左拉的《生之喜悦》，他用柠檬黄的笔触特意突出了这本书，把它放在另一本未标记名称的书上面。凡·高经常向我们展露生活的两副面孔：一面是"诉说爱意"[763]的花朵；另一面则是左拉那激愤的世界观，它隐藏在一个表面乐观积极的标题之下。

皮埃尔·洛蒂在《菊子夫人》中对自然做了充满诗意的描述，其中既有日本"明亮、静谧的月亮"，也有"温煦、寂静的山川"，文中还装点着各种昆虫插图，分散在全书各处。插图中孤鸣的蝉是如此美丽，就好像马上要从书页中飞出来一样（参见第136页）。蝉鸣弥漫在洛蒂的整本书中，是"这个国家特有的声响"，这"刺耳的、无边的、无休止的声音，日夜回荡在日本的乡间"。在那个炎热夏季里最酷热难耐的时候，凡·高与蝉形成了共鸣："我甚至在正午时分也在麦田里画画，在最强烈的阳光下，就在那儿，我沉醉其中，就像一只蝉。"[628]在阿尔勒，他发觉蝉总是非常吵："这些蝉（我觉得它们应该是蝉）鸣起来简直就像青蛙一样大声。"[638]在写给提奥的信中，他在文字中间还画

---

[1] 穆斯梅（Mousmé），即日语"娘"的法语音译，有年轻女孩的意思。（编辑注）
[2] 委罗内塞绿是一种鲜亮的深绿色，名称源自16世纪意大利威尼斯画派画家委罗内塞。他独创了一种表现绿色的技法，在当时独树一帜。据说直到18世纪，法国人才制造出这种颜色，将其命名为"委罗内塞绿"。（编辑注）

皮埃尔·洛蒂
《菊子夫人》扉页
Paris: Édition du Figaro, Calmann–Lévy, 1888

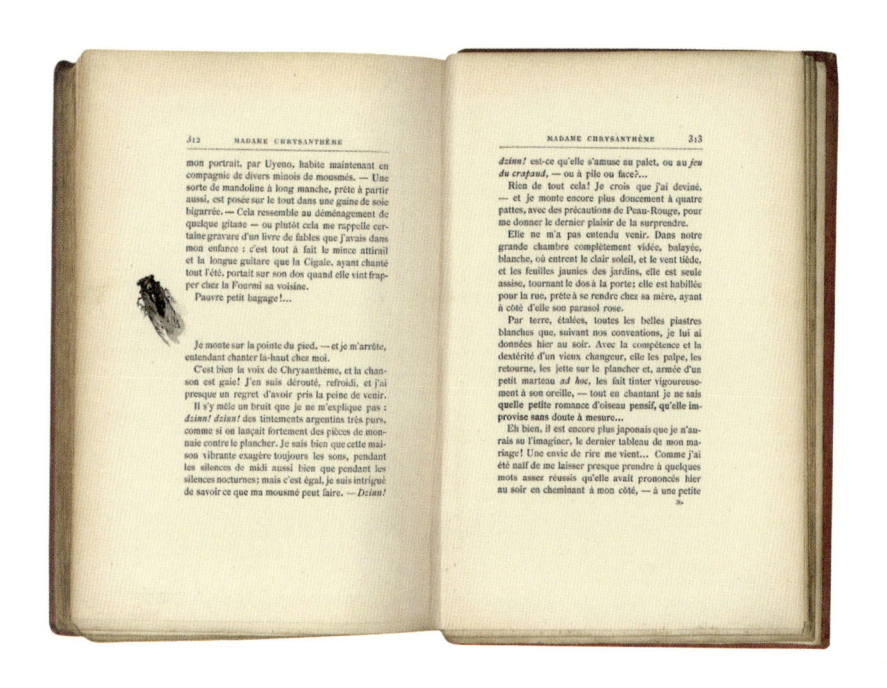

皮埃尔·洛蒂
《菊子夫人》内页
Paris: Édition du Figaro, Calmann–Lévy, 1888

了一只美丽的蝉，"不是家乡的那种蝉，而是像这只这样，你在日本画册里见过"。他熟悉歌川芳丸描绘蠕虫和昆虫的版画《新板虫尽》，但是洛蒂的书确实滋养了他的想象。[1]

9月中旬的时候，万事俱备，凡·高搬进了新房子。他给提奥写信说，他感觉自己像"画画的火车头"[680]。威尔刚到巴黎，看到了各种最新的艺术潮流："提奥给我写信说，他给了你一些日本版画。对于理解当前绘画的发展趋势，这肯定是最有效的方式。它们五彩缤纷、色调明亮。"[678] 普罗旺斯具有未经玷染的自然本性，阳光强烈，对凡·高来

1　小说的第九章开篇描写了蝉，然后在第 208、234、286、312 页（1888 年版，后同）中都有描写。从凡·高后来画的一幅速写《三只蝉》（*Three Cicadas*, F1445/JH1765）可以确定，他曾从洛蒂书中获得灵感，这幅画附在给提奥的一封信中[790]，很有可能是受到了第十七章（第 107 页）开篇那幅有三只蝉的插图的影响。

凡·高
给提奥的信中画的蝉
21.1cm × 13.5cm
阿尔勒，1888 年 7 月 9 日至 10 日〔638〕

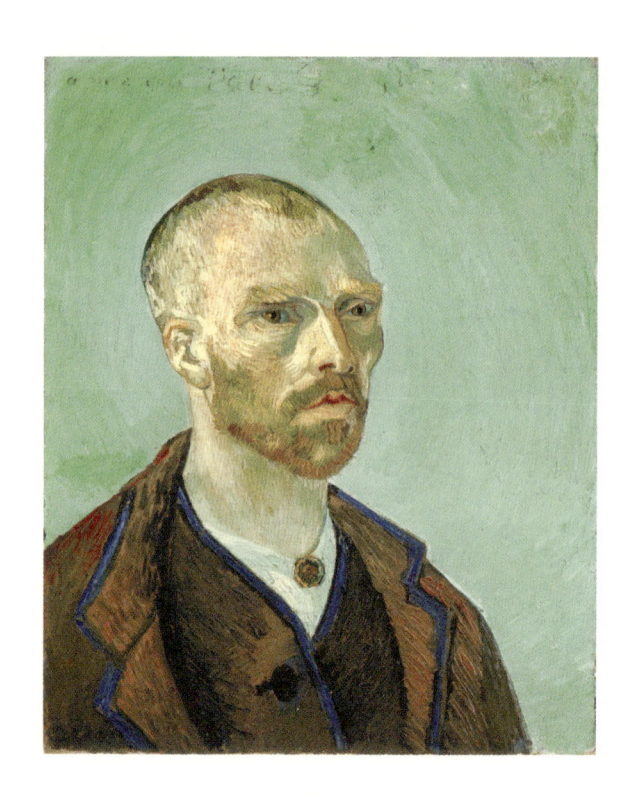

凡·高
《形似僧侣的自画像》
布面油画
61.5cm × 50.3cm
阿尔勒，1888 年 9 月

"很长一段时间以来，我都为这个事实所深深触动：日本画家之间非常频繁地交换作品。这清楚地表明，他们彼此欣赏、相互支持，他们之间有某种和谐，而且他们确实像兄弟一样生活，非常自然，也没有互相猜忌。在这方面，我们越是和他们一样，对我们来说就越好。那些日本画家似乎挣得也很少，过得就像普通劳动者一样。"

给埃米尔·贝尔纳的信，阿尔勒，1888 年 10 月 3 日〔696〕

第五章　普罗旺斯岁月

说，就是"他的"日本："我在这儿不需要日本版画，因为我一直对自己说：我此时就在日本。"[678]葛饰北斋是日本江户时代的代表画家，他在凡·高心中有着至高的地位，被认为是"所有取材于生活的画家中最富技巧的人"[686]，他的速度和组织画面的能力都无人能及。对于那幅标志性的作品《神奈川冲浪里》，他对提奥说："这些海浪就是爪子，船被它们抓住了，你能感受到这一切。"[676]身在普罗旺斯的他请弟弟从西格弗里德·宾那里寻找更多北斋的版画，那些描绘"圣山景色和各种风俗景象"[640]的画。他说的是如今北斋非常著名的三卷本《富岳百景》，这套作品是公认的北斋杰作。通过第二卷（也是凡·高的收藏），我们可以欣赏到由黑色和两种调子的灰色构成的巨浪图，名为《海上富士》。画集中还有其他描绘海浪乃至巨浪形象的版画，很有可能都经过凡·高之手的摩挲。北斋这幅大胆自信的作品启发了凡·高的思想，以及想要以闪电般的速度作画的渴望。"日本[画家]画得飞快，非常快，就像一道闪电，因为他的感觉更细腻、情感更单纯"，他在给弟弟写的信中重复了冈斯《日本艺术》中的这段话。冈斯在《日本艺术》这本书中写道："北斋在构思版画的时候，十分简洁、快速、不假思索，而且常常十分粗糙；但是当他完全投入对自然的静观时，他就为自己而画，画面就像童话一样。他的画笔仿佛充满了生命，带着某种丰盈的欢愉，跟随着思想精细地运行……大自然当中的一切对他来说都不陌生……"

对于凡·高来说，大自然当中的一切也都不陌生。他采用近乎俯瞰的视角，抬高地平线而不画天空，像日本画家般用芦苇笔快速画出海浪、背景或天空——带有越来越明显的个人风格——这些如今已经成为真正的书法艺术：个性、自信、笃定。"我希望你来这儿待一段时间，"他建议提奥，"过一段时间你的视野就会改变，你会用一种更'日本'的眼光观看，你会对色彩有不一样的感受。"[620]

这种变化也在他的脸上体现出来。1888年9月，凡·高画了一幅自画像《形似僧侣的自画像》(*Self-Portrait*)。这幅画无疑是他所有自画像中最令人瞩目的一幅，是他对现代肖像画的激烈反击——画家把自己画成日本僧侣，一位"单纯膜拜永恒佛陀的人"。他的姿势有如雕像，他那冥想式的凝视沉浸在无限之中。他在"淡淡的……委罗内塞绿"背景中用笔触摆出半圆形，为肖像添加了一道想象中的光环：观者的

《艺术日本》封面（下图）与《纲要》（左图）
封面文字"艺术及技艺文献，S. 宾编"
巴黎，1888 年 5 月

"宾有关日本的文字有一点枯燥，而且有些需要改进的地方——他说，有一种伟大的、典型的艺术，但他只展示了一些零碎的东西，并没有很好地让你体会到这种艺术的特点。"
给提奥的信，阿尔勒，1888 年 9 月 21 日〔685〕

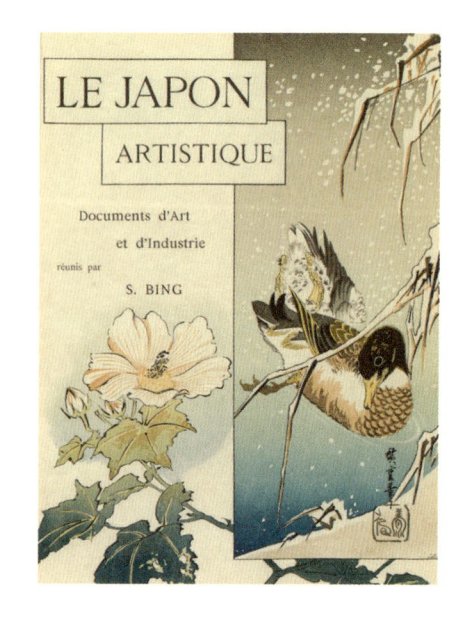

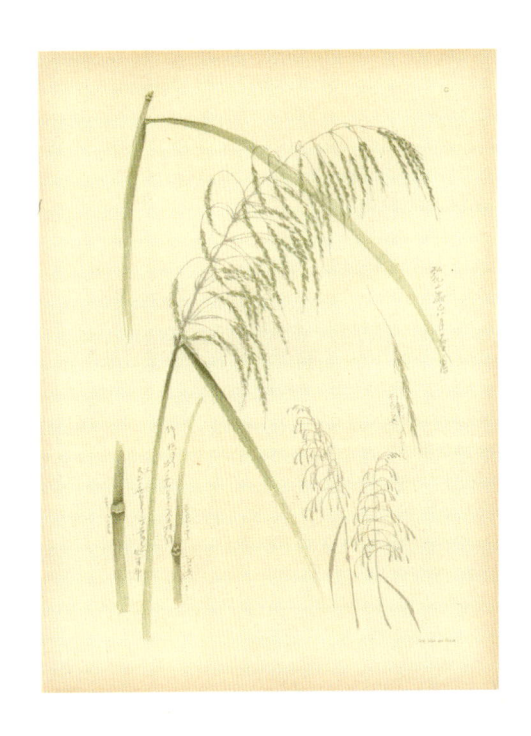

佚名
《草叶习作》（1845年）
《艺术日本》刊载
巴黎，1888年5月

"如果我们研究日本艺术，就会看到这样一个人，毫无疑问他十分智慧，是一位哲学家，头脑很正常，他把时间用在——用在什么方面？——用在研究地球到月球的距离上？——不，用在研究俾斯麦的政治事业上？——不，他研究的只是一片草叶。

但是这片草叶令他画出了所有的植物——然后是四季，之后是各式各样的风光，最后是动物，此后才是人。他就这样度过他的一生。一生太短，无法面面俱到。"

给提奥的信，阿尔勒，1888年9月24日〔686〕

注意力渐渐陷入这透明的神圣光环中。《菊子夫人》当中大量的插图可能为这幅画提供了灵感。在第三十三章开篇，我们会读到和蔼可亲的"糖先生"能不间断地作画，一幅接着一幅。[1] "有时我的头脑极其清晰，这些天，大自然是如此可爱，我就不再意识到我自己，于是这幅画像做梦一样出现在我面前"〔687〕，他在9月下旬的时候告诉提奥。这幅画是献给高更的，后者很快就会来到黄房子。[2]

与此同时，西格弗里德·宾在巴黎推出了杂志《艺术日本》(*Le Japon Artistique*)。第一期于1888年5月发行，封面设计颇富诗意（参见第140页）。杂志在巴黎的反响十分热烈，凡·高于7月读到了一篇关于该刊的评论。[3] 9月的时候提奥寄给他最初的几期。这本"有插图的月刊"——一直以法语、英语和德语三种语言发行到1891年——创刊号就登载了一篇长文，描述了日本的生活方式、艺术、风俗和手工艺者。文章配有黑白的"小插图"，这些插图都受到了葛饰北斋作品的影响。杂志还包含了十张彩页和一些散页，刊中"插图说明"部分详细描写了这些散页的内容，力求呈现"典型的历史和人物，以及我们插图的独特之处"。其中几张彩页复制了日本版画和漫画，非常忠实于原作，而这都要归功于凹版印刷的开创者之一夏尔·吉洛的"热忱与技艺"[4]。这些彩页还包括了亨利—夏尔·盖拉尔制作的器物图，比如剑格、面具以及铜瓶，器物来自不同的收藏者。在第一期刊物的标题页，我们看到了杂志主创者的名单："S. 宾编"，参与编辑的人包括路易·冈斯、埃德蒙·德·龚古尔、林忠正、保罗·曼茨、阿里·勒南等等。他们都是日本艺术方面的专家和收藏家，对于广泛涉猎日本艺术文献的凡·高来说，其中的很多名字非常熟悉。

第一期刊物主推的是宾撰写的一篇题为《纲要》("Programme")的文章，而第二期则是路易·冈斯的文章《装饰艺术界的日本天才》

1　洛蒂的《菊子夫人》中有一幅插图，画的是几位僧侣在参加一个葬礼（第126页）；还有几幅插图描绘了日本画家糖先生（M. Sucre，意为"糖"。第167、169页）。此外，冈斯的《日本艺术》中也展示了两幅亨利—夏尔·盖拉尔制版的僧侣像。
2　凡·高与高更、夏尔·拉瓦尔（Charles Laval, 1861—1894）在信中商定交换自画像，《形似僧侣的自画像》是其中的一幅。这两位画家当时在布列塔尼。
3　在《独立杂志》(*La Revue Indépendante*, 1888年7月) 中，费利克斯·费内翁评论了《艺术日本》的第一期（www.vangoghletters.org〔637, note 10〕）。
4　Siegfried Bing, *Le Japon Artistique*, Paris, May 1888.

("Le genie des Japonais dans le décor")。凡·高热切地阅读了这些文章,但是对宾的写作方式颇有微词,觉得文章"有一点枯燥……[宾]没有很好地让你体会到这种艺术的特点"〔685〕。宾明确地表达了自己对这份杂志的愿景:"在向公众推出《艺术日本》的时候,关于日本艺术史的作品已经有很多,我并未宣称要在这方面增添新的内容。"这里他指的是"最热衷于分析"的"美学大师"所撰写的著作。相反,他所描述的创刊目标,在于向更广泛的公众推出一系列论述具体主题的文章。他的一大创举就是精确复制了各类艺术并出版,不仅限于日本版画——如北斋的"漫画"——还包括织物、图形图案,以及各个领域的物品,这些将会激发生产商、手艺人和艺术家在装饰艺术领域掀起一场复兴。宾用这种方式为日本艺术和文化的通俗化做出了重要贡献:"这就是我致力于完成的使命。"

宾在文中继续谈论日本艺术家对自然的看法:"总而言之,他确信自然中包含了一切事物的根本元素。而且在他看来,世间的万物,哪怕只是一片草叶,在最崇高的艺术观念里,都值得拥有一席之地。"凡·高立刻注意到复制得丝毫不差的插图,他对提奥写道:"在宾复制的各种图片中,我找到了这幅草叶的图画,还有石竹花,还有这幅极其出色的北斋作品。"〔686〕佚名画家笔下的这片草叶令凡·高尤为触动,促使他去思考日本艺术家的哲学和禅思——他发现自己和他们别无二致。对于凡·高来说,观察一片草叶意味着"知道如何观察"世界、四季、动物和人,意味着知道如何在虔敬的静默中将自身与自然结合在一起:"想想看:这些日本人教给我们的,不就是一种新的信仰吗?他们是如此单纯,生活在自然当中,就好像自己是花儿一样。"〔686〕《犁过的地和树干》[Ploughed Field with Tree Trunk,又称《犁沟》(The Furrows)]创作于1888年10月下旬,是一幅非常简单的作品。在创作中,凡·高既像日本画家一般凝视,也是"自由的"调色师。在这幅大尺寸的油画中,居于中心的树干令我们想到《巴黎画报》上登载的那幅北斋的风景画(参见第106页)。自信的笔触水平地犁过地面,进而垂直地扫过树干,就好像树干本身变成了一张空白画布,可以在上面书写一幅新的书法。黄色的天空用它的色彩染满了整个画面,展示了凡·高对于色彩的理念——色彩是实现转变的强有力的现代方法:

凡·高
《犁过的地和树干》(《犁沟》)
布面油画
91cm×71cm
阿尔勒，1888年10月

"但是这位未来的画家是一个前所未有的调色师。"〔604〕

暖和的天气即将结束，凡·高担心秋天会带来这个"糟糕的季节"所特有的忧郁，还有模特短缺，"但是我会设法解决这个问题，研究一下如何凭借记忆来描绘人体。由于缺少模特，我总是在我最擅长的方面遭遇挫败，但是我不会老想着这件事——我画风景和色彩，就不用担心去哪里寻找对象。我知道，如果我去求模特'请为我摆个姿势吧，我求你了'，那我可能就像左拉《杰作》(*L'oeuvre*)[1]里面那位优秀画家一样了"〔687〕。在《杰作》的前几页中，画家克劳德·朗捷面前的模特"一动不动"，感觉"他简直要用目光吞了她"。于是他恳求自己的模特："我又不会吃了你，对吧？"

朗捷和他的画家朋友努力为当时巴黎的官场及沙龙展带来一种全新的艺术形式。但他的作品没有得到公众的欣赏，甚至也不被同行认可。他经历了一连串的打击，最后在一幅未完成的杰作前上吊身亡。巴黎的艺术生活，以及 1863 年举办的"落选者沙龙"，为这个故事提供了背景。通过朋友爱德华·马奈和保罗·塞尚，左拉非常了解巴黎的艺术圈。1885 年 12 月至 1886 年 3 月，小说在报纸《吉尔·布拉》(*Gil Blas*) 上连载了八十期。《吉尔·布拉》是一份法国文学日报，在去巴黎的几个星期前，身在安特卫普的凡·高还引用过它〔552〕。左拉笔下的朗捷也令威尔停下来思考，从提奥 1887 年春天写给她的充满温情的信中就能知道这一点："我读了你写到的《杰作》，在我读它之前，我也想过——我读了评论——这个人物身上的很多特点，文森特身上也有。但是他们不一样。小说中的画家追求的是无法达到的东西，而文森特热爱的东西太多、太丰富，他不会陷入那个困境。"事后看来，令人十分感慨的是，这几行文字表明：凡·高、提奥和威尔都以各自的方式，都将小说中的虚构角色看成了现实中真实存在的人。

---

1 《杰作》是左拉以好友、后印象派画家塞尚为原型创作的小说。在生前的大部分时间里，塞尚的艺术并未得到认可。左拉在书中如实描绘了这位画家的失败，也由此伤害了塞尚，导致两人绝交。《杰作》开篇，画家克劳德·朗捷在暴雨的晚上收留了待在家门口的年轻女子，第二天醒来发现女子非常符合自己心目中的模特形象，便趁女子熟睡时抓紧写生，不料女子突然醒来，见此情此景惶恐地一动不动，便有了后文引用的对话。（编辑注）

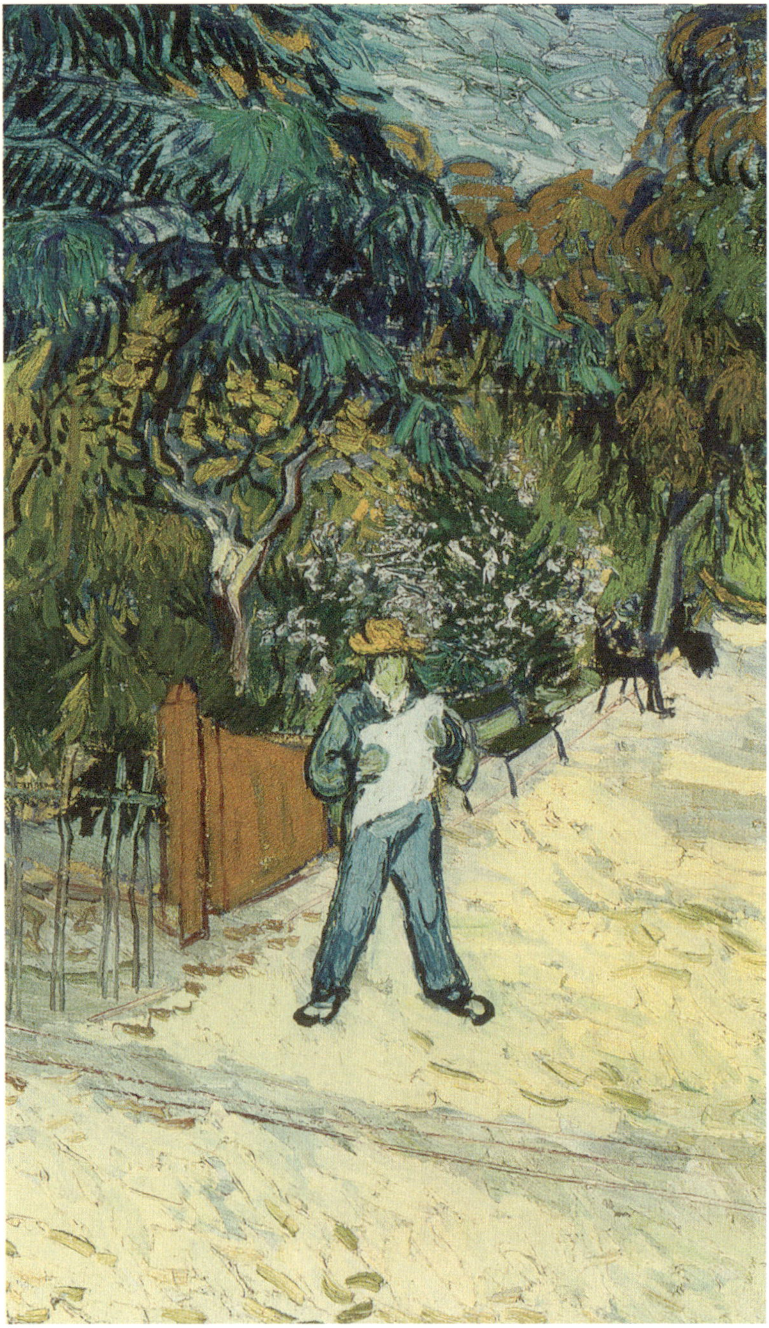

第六章

凡·高与阅读者

"一个人必须学着阅读，正如他必须学会观察，学会生活"

　　对凡·高来说，第一个重要的阅读者形象，也是他以阅读者形象展开创作的起点，可以追溯到他钟爱的那幅基于伦勃朗《阅读圣经》制作的版画（参见第27页）。在这幅画中，我们看到三代人："一位年老的女性"，"一位年轻的母亲"，以及"摇篮里的孩童"。年轻的女子大声地朗读，一如以往例行的传统。在凡·高家里，这也是很常见的做法——或许这幅画令他觉得如此特别的原因便在于此，它唤起了令人宽慰的童年记忆。凡·高是如此钟爱这幅版画，他在1875年寄了一份复制本给提奥，又寄了一份给妹妹安娜。1882年在海牙，当西恩的儿子出生时，他将这幅画挂在了摇篮上方。他把摇篮中的婴儿比作耶稣诞生的场景，看着此情此景，那感觉犹如目睹了"圣诞夜的永恒诗篇"[245]。在少年时，凡·高家中肯定少不了摇篮里的孩童——凡·高兄弟姐妹六人，他最爱的妹妹威尔出生在1862年春天，当时凡·高9岁。

　　家庭成员之间的通信让我们得知，他们有傍晚聚在一起大声朗读的习惯。他们阅读各种文学作品，从《圣经》到诗歌到童话[1]，还一起阅读想要互相分享的书信[2]。这是一种共度时光的亲密方式，加强了他们之间的家庭纽带。"傍晚我们时常一起大声读书，现在正在读鲍沃尔[3]的《凯内尔姆·奇林利》（Kenelm Chillingly），我们发现书中有很多精彩的描写"，父亲提奥多鲁斯1874年在给提奥的信中写道。

---

[1] 凡·高的妹妹伊丽莎白在给提奥的未婚妻乔·邦格写的信中说："我希望你知道安徒生的童话，我小时候就把这些故事全记住了，现在依然觉得它们的诗意和美妙无与伦比。"（1885年11月6日）
[2] 凡·高1878年2月10日在阿姆斯特丹给提奥写的信中提到："或许父亲给你读了母亲的信，那是父亲在这儿的时候收到的，信里写了探望一位病人的事，听起来有点像《亚当·比德》里的故事。"〔140〕《亚当·比德》（Adam Bede）是乔治·艾略特1859年创作的小说。
[3] 爱德华·鲍沃尔-李敦（Edward Bulwer-Lytton，1803—1873），英国政治家、诗人、小说家和剧作家。（编辑注）

147

阅读对凡·高的父母来说具有特别的功能——启发孩子们的思维，增强他们的品格。除了《圣经》，凡·高的父亲提奥多鲁斯牧师和母亲安娜都十分推崇荷兰诗人、神学家和牧师佩特鲁斯·奥古斯特·德·热内斯特的抒情诗，他的诗作当时在荷兰新教徒当中享有崇高地位。即使孩子们后来远离家乡，他们的父母依然督促他们"再次"阅读这位广受欢迎又思想开明的牧师诗人的作品："这样一来，他的文字就会变成你们自己的，就像《圣经》中的很多文字一样，它们都是生活抗争中的武器。"（母亲1877年3月7日写给提奥的信）

　　因此，凡·高家的孩子从小就将《圣经》、伦理小说和有教育意义的文学看成是应对挑战的有力支撑，并由此认识到书写的价值。当他们离开家开始工作的时候，他们通过写信和父母以及兄弟姐妹保持联系。这种常规化的书信往来让整个家庭保持了非常紧密的联系，父亲和母亲也有办法了解孩子们离家以后的发展情况，对他们生活的方方面面都感兴趣，甚至包括他们选择了哪些读物。

　　所以这就毫不奇怪了——凡·高在博里纳日的时候，在他的风格形成的关键时期，他的父母也很关注儿子在阅读方面的新方向，当时他给家里寄了一本雨果的书。他们可能意识到了凡·高高强度的阅读，母亲在1880年7月给提奥写信说道："但是如果阅读书籍产生了这样不切实际的结果，那它还是好事吗？他的阅读又给他带来了什么样的观念呢？他给我们寄了一本雨果的书，但是他站在罪犯的立场，还认为其中并没有真正的恶。如果一个人将恶称为善，那这个世界会变成什么样子？就算是怀着全世界最好的意愿，那也是不可能的。"[1]

　　凡·高的生活经历了一段在历史上影响深远的剧变时期。在不可逆转的动力的驱使下，改革的浪潮以前所未有的速度席卷了整个欧洲，而这种推动力正是法国大革命的遗产。19世纪文学——凡·高在短暂的一生中曾如此忘我地投入其中，阅读它们——不断变化，从浪漫主义发展到现实主义，再到自然主义，最终成为象征主义和颓废主义。那时的世界观不再受限于18世纪理性主义和古典传统的严格边界。

---

[1] 1879年8月，母亲对提奥说："他整天都在读狄更斯，其他的什么都不做。"

第六章　凡·高与阅读者

在 19 世纪之前，阅读大多数时候是一项共同参与的活动，书本的内容由人们在公开场合大声读出来，只有学者、宗教人士和受过良好教育的精英才享有阅读印刷文字的特权。但是在 19 世纪，全新的政治和社会意识的觉醒，文化水平的不断提升，以及印刷技术的发展，为新的文学市场做好了准备，而这个市场已经开始在整个欧洲生根发芽。小说在这个全新的文学系统中占据统治地位，这宣告了为各个社会阶层所设计的新读物的到来。

就在这场变革持续上演的时候，19 世纪还经历了一场无声的改革，它主要发生在那些有条件接受阅读这一新习惯的家庭当中。这场文学改革并不仅仅意味着人们有机会在报纸或带有插图的刊物上阅读当下发生的事件（这些刊物自 19 世纪中叶以来广受欢迎，而且发行范围不仅限于城市[1]），而且由于小说的广泛传播和普及（通常是以连载的形式），有阅读习惯的公众可以安安静静地享受阅读的愉悦。

读者和文字之间的这种新关系——阅读不再只是公共的行为，更常见的是作为一种私人的、主观的活动——也是作者与读者之间关系变化的结果之一。1850 年以后，实证主义的传播和科学的发展令小说家开始通过微小的细节来审视现实，尤其是法国作家古斯塔夫·福楼拜——普遍认为他是现实主义流派的大师——用其"非个人化"的叙事方式为自然主义的产生与发展铺平了道路。左拉将现实主义的原则推展到极致，用实验科学的精确性研究现实，更偏爱无产者的故事设定。全知的叙事者（叙述者知道一切的叙事视角，这种视角常见于经典小说，例如巴尔扎克、雨果、大仲马、艾略特和狄更斯等人的作品）消失了，将空间留给"作者-科学家"——他们试图将自己从叙事中抹去，将写作转换成某种社会纪实，采取一种不偏不倚的外部视角（例如福楼拜、莫泊桑和左拉）。自然主义小说就是现实的棱镜。在这些作品中，读者能找到一小部分属于这个动荡世界的生活，或许能看到某种与自己相似的经历，并增进对这个时代及内在自我的理解。这也是凡·高在写给威尔的信中说现代作家"不会像以前的人那样说教"时，所要表达

---

[1] 随着 1842 年《伦敦新闻画报》的发行，用图片呈现新闻的观念很快传至全欧洲：法国有《画报》（1843），德国有《工人画报》（*Leipzieger Illustrierte Zeitung*, 1843），荷兰有《荷兰画报》（1864）。后来还创刊了《世界画报》（1857）、《图画报》（1869）、《巴黎画报》（1883）。

的意思。他还在信中说到,像龚古尔兄弟和左拉那样的作家"对生活的描绘,就如我们亲身经历的一般"〔574〕。

1888年秋天,在黄房子里,凡·高再次着手创作阅读者主题的绘画。短短几个星期,他就画了三幅重要作品,三幅各不相同。第一幅是《阿尔勒的公园入口》(Entrance to the Public Garden in Arles),完成于高更到来之前,描绘的是一个穿着绿衣服、戴着黄帽子(可能是草帽)的人,站在公园的门口。这个安静的人正心无旁骛地读着报纸,他将报纸在面前完全打开。在画面的一片葱茏翠绿中,明亮的白色报纸吸引了观者的视线。这也是夏尔·勃朗建议用来"放松眼睛"〔628〕的绘画手法。四个单独出行的游人分散坐在长椅上,更远处的两个人沿着小路走进公园,在那里,秋天最先变黄的树叶迎风招展。

这幅画第一眼看上去是如此素淡,实际上却反映了凡·高艺术发展历程的重要一步。此时距离凡·高上一次描绘阅读者,已经过去很多年了。那幅画创作于1882年,地点在海牙凡·高的画室,描绘的是一位坐着的老人,名叫阿德里亚努斯·祖德兰,他"读着《圣经》"。从那以后,画家对阅读的激情就仅仅在他的静物画中得到了清晰的表现。[1]在这些画中,他用大胆的构思将书籍变成了生动的角色。而在眼前这幅画中,我们看到一个与凡·高同时代的人,在户外读着报纸。这一幕肯定直接取材于阿尔勒的街头,他也是凡·高作品中展现的第一位现代读者。很有可能,他是想要重新审视这个主题——两周以前,他请提奥寄给他一幅最喜欢的版画,在工作室那面已经装饰了数幅版画的墙上再添一幅,"最终选了一幅雅克马尔基于梅索尼耶[2]作品《阅读者》(The Reader)制作的小版画。我一直都非常喜爱梅索尼耶的这幅画"〔686〕,这并不是巧合。在《阅读者》(参见第152页)中,男人坐在扶手椅里,身边的氛围相当安宁;他表情平静,手里的书十分小巧,很轻松地与画面中的其他元素融为一体。

---

[1] 1888年4月,在一篇对《独立报》举办的画展的评论("Peinture: Exposition des indépendants")中,艺术评论家古斯塔夫·卡恩针对凡·高的《巴黎小说》(参见第112页)写了一些刺耳的评语:"五彩斑斓的书籍面对着一张挂毯。这作为研究的主题还不错,但是不能成为创作一幅画的由头。"

[2] 梅索尼耶(Ernest Meissonier, 1815—1891),法国古典主义画家,以历史题材绘画闻名。

第六章 凡·高与阅读者

凡·高
《阿尔勒的公园入口》
布面油画
72.4cm×90.8cm
阿尔勒，1888年9月

　　当时还发行了很多黑白印刷品，印制的是重要画家描绘私人阅读场景的著名作品。这个引人注目的主题（与作家或学者的肖像画不同，他们身边那些引人注目的大部头书籍只是作为身份的象征，而不是作为陪伴的读物）自19世纪30年代以来，频繁地出现在绘画中——巴黎的沙龙展也不例外。凡·高在艺术品市场工作多年，经手过大量这种类型的画像；事实上，古庇尔公司在这个领域也是欧洲最知名的专业画商之一。在这些作品中，有两件出自凡·高最喜欢的画家之一、法国风景画家卡米耶·柯罗之手，也是他极为重要的作品。第一幅是

儒勒-费尔迪南·雅克马尔制版
［原作者］埃内斯特·梅索尼耶
《阅读者》
1856 年

埃米尔·路易·韦尼耶制版
［原作者］卡米耶·柯罗
《阅读的女孩》
1870 年（原作 1869 年）
埃米尔·路易·韦尼耶，《柯罗画作十二幅》
Paris: Librairie artistique, 1870

"务必问一下施密特，埃米尔·韦尼耶制版的'柯罗专集'多少钱。我们在店里被问到过这本书，我知道布鲁塞尔有货。"
给提奥的信，海牙，1873 年 1 月中旬〔003〕

卡米耶·柯罗
《阅读者》
古庇尔公司摄影
10.5cm×6.5cm（裱贴后尺寸）
1869 年

基于柯罗的《阅读的女孩》（ La petite liseuse，参见第 153 页）[1] 制作的石版画，这幅画也是古庇尔公司出售的"柯罗专集"收载的作品〔003〕。画面中，一位年轻漂亮的牧羊女，留着长头发，坐在那里阅读，完全沉浸在独处中，而她身后是一片有着朦胧天空的风景。画中女子有一种微妙的忧郁，这种感觉成为画面的主调。在背景的右下方，我们可以看到一些很小的白色绵羊，它们更加突出了这种孤独感。第二个图像是一幅摄影，拍摄的是柯罗在 1869 年沙龙展上展出的画作《阅读者》（ Une liseuse）。古庇尔公司拍摄的这幅小照片——收入 1874 年的图录中，"肖像名片摄影"[2] 类，1009 号——具有重要的历史意义，因为沙龙

---
1 柯罗的《阅读的女孩》现藏于瑞士温特图尔的奥斯卡·莱因哈特艺术馆（Oskar Reinhart Collection），它曾是阿尔弗雷德·桑西耶的藏品，1892 年第一次在巴黎"百人作品展"（Exposition des Cent Chefs-d'œuvre）上展出。
2 肖像名片（Cartes de Visite，简称 CDV），指贴有本人照片的名片，诞生于 19 世纪中叶的巴黎。照片通常为小型尺寸，贴在硬纸上做成名片。（编辑注）

展结束后不久,画家就重画了这幅作品,去掉了背景中的那棵树。[1] 柯罗在表现阅读者主题方面是真正的高手,他在成熟时期开始专注于人物绘画,从 1860 年开始,他让很多模特来画室为他摆姿势。他试着让这些模特穿上不同的服饰,或是给她们一些具有特殊意义的道具,其中就包括书籍,这些书都是他"从街边的书店里买的,主要看的就是书本的形状或色彩,用来放在模特手中",他的第一位传记作家泰奥菲勒·西尔韦斯特在《法国和外国在世艺术家传》(Histoire des artistes vivants français et étrangers)一书中如是记载。凡·高对这本书非常熟悉。凡·高和他的大多数同代人一样,可能从未见过这些画作的原作,因为这些作品很快就成为私人收藏,几十年不对公众展出。古庇尔公司的图录则可以提供这些作品的黑白复制品。这一生动的例子表明,新兴的印刷技术改变了人们对图像的接受方式,以及随之而来的记忆方式。而对凡·高来说,这一点非常关键。这个世界正在飞快地改变。

1888 年 10 月 23 日,经过四个月的犹豫不决,保罗·高更终于抵达了阿尔勒的黄房子。凡·高刚刚结束了一轮倾尽全力的创作,完成了诸如《向日葵》(Sunflowers)、《罗纳河上的星夜》(Starry Night Over the Rhône)、《黄房子》(The Yellow House)和《卧室》(The Bedroom)这些杰作。而两位画家之间的创作竞争,推动他们做出了更伟大的创新和实验。凡·高觉得,高更的到来激发了自己"完全根据想象"作画,而"想象的东西的确呈现出更为神秘的特质"〔720、719〕。11 月上旬,"雨水和泥泞"将两位画家困在画室里,凡·高画了阅读者主题的第二幅画,一幅基于想象的《读小说的女子》(Liseuse de romans,参见第 157 页)——这完全不符合他依照模特画画的偏好。他在给妹妹的信中宣告了这幅画作的诞生。妹妹当时刚刚读完左拉的《妇女乐园》,觉得这本书"超级好"(威尔 1888 年 10 月 19 日写给提奥的信)。在同一封信中,他给妹妹画了这幅油画的草图,还用大字很显眼地加了个标题:Liseuse de romans(《读小说的女子》)。紧接着,他在信中描绘了这幅画使用的色彩,强调了黄颜色的大面积使用,"乌黑浓密的头发,连衣裙上身是绿色,袖子是葡萄酒渣样的紫

---

[1] 《阅读者》现收藏于美国纽约的大都会艺术博物馆。1874 年时,凡·高在古庇尔的伦敦分部工作,1 月他们"忙于清点库存"〔017〕。

凡·高给威尔的信〔720〕
21.1cm×26.9cm
阿尔勒，1888 年 11 月 12 日

红色，裙子是黑色，背景完全是黄色，搁架上放着几本书。她手里拿着一本黄色的书"〔720〕。

　　画中女孩梳着与威尔同样的发式，凡·高在画这幅画的时候可能想到了威尔，想到了他推荐给她的所有小说，以及威尔喜欢阅读的那些小说——她在给提奥的信中提到过。遗憾的是，威尔给凡·高的信件都没有公之于众，我们不知道她对这幅草图有何评论。

　　凡·高这些年来所推崇的众多图像肯定都对这幅画的构思产生了影响，其中就有"精神之父"柯罗，以及梅索尼耶、夏凡纳等他最爱的艺术家的作品。但是他很可能也了解当代画家根据日常生活所画的

凡·高
《读小说的女子》
布面油画
73cm×92.1cm
阿尔勒，1888 年 11 月

"我现在还画了一幅读小说的女子。
乌黑浓密的头发，连衣裙上身是绿色，袖子是葡萄酒渣样的
紫红色，裙子是黑色，背景完全是黄色，搁架上放着几本书。
她手里拿着一本黄色的书。今天就说这些。"
给威尔的信，阿尔勒，1888 年 11 月 12 日前后〔720〕

威廉·昂格尔制版
[原作者] 伦勃朗·凡·莱茵
《学者》
铜版画
15.2cm×12.2cm
约 1871 年（原作 1630 年）

"女性阅读者"主题的作品，不过他在信中未做任何评论。这类描绘巴黎场景的画，比如亨利·方丹—拉图尔描绘妹妹在家中阅读的肖像画（《读书的女子》，Woman Reading），莫奈表现妻子坐在丁香花树下阅读的油画（《春天》，Springtime），以及马奈描绘妻子在海滩上读书的习作（《海滩上》，On the Beach），他可能看过或知道。

的确，19 世纪见证了社会环境和阅读功能的剧烈变革。这种变革产生的多种影响都反映在日常生活中，启发了画家、插画家乃至漫画

第六章　凡·高与阅读者

埃内斯特·梅索尼耶
《画家》
红木板上油画
27cm×21.1cm
1855 年

家的创作。这里引用凡·高非常推崇的一个画家的例子：法国画家奥诺雷·杜米埃在辛辣讽刺当时资产阶级的小画中，描绘了一些家庭场景，其中就有阅读时事的新型读者，如《美好的资产阶级》(Les bons bourgeois)系列，以及已婚夫妇的阅读场景，如《婚姻习俗》(Moeurs conjugales)系列等。[1]

---

[1]　画作收录在阿尔塞纳·亚历山大的《奥诺雷·杜米埃：其人其作》(Honoré Daumier. L'homme et l'oeuvre, 1888)中，凡·高知道这本书〔613〕。

然而，凡·高的《读小说的女子》有一种动人的静谧和神秘的氛围。这里产生了一个问题：那时，他已经画了这么多幅作品来表达这个主题，同时也充分意识到其他画家也创作了很多同主题的作品，那么这次，他用这么大幅的画面来呈现这位阅读者，是想要告诉我们什么呢？答案就在伦勃朗的《学者》(*The Scholar*)[1]中，也在凡·高写于 1882 年的一封书信中——他在信中向提奥推荐了梅索尼耶的《画家》(*A Painter*)。

《画家》描绘的场景是一间工作室，梅索尼耶从后方呈现了一位身体前倾作画的画家。画家简直要把自己贴到画布上去了，显示出画家作品对画家的吸引力。凡·高称赞此画"捕捉到了注意力高度集中的动作，就好像在伦勃朗的那幅画中，小伙子坐在那里阅读，他也是弓起身子，用手支着头。我们立刻就能感觉到，他完全被正在读的书吸引了"[288]。

凡·高的《读小说的女子》与此如出一辙。我们"立刻就能感觉到"她"完全被正在读的书吸引了"。不过，这幅画里还有三个元素值得注意。首先是对模特的选择：凡·高在荷兰期间画过四位男性阅读者——尽管他推崇的很多作品描绘的都是男性阅读者，比如伦勃朗的《让·西克斯肖像》(*Portrait of Jan Six*)[2]，令他想起文森特和科尔叔叔"年轻的时候"[047]——但是在普罗旺斯，他选择去想象一位女性的阅读者。在他的脑海中，这位阅读者肯定是威尔——他最喜欢的妹妹，也是唯一一位与他讨论文学的女性。

其次是对场景的选择：凡·高的阅读者既不在自然环境里，也不在家居环境中，更不在画家的画室或公共花园里，而是"在一个图书馆中，类似'法国读物'(Lecture Française)[3]"[719]。当时有一种非常流行的读书室，人称"阅读室"(cabinets de lecture)，读者付一点钱，就能读到各种新旧书刊。画中的场景是中性的背景，因此也并没有将

1　凡·高提到的伦勃朗作品是《阅读的学者》(*A Scholar Reading*, 约 1630)，现藏于德国的赫尔佐格·安东·乌尔里希博物馆 (Herzog Anton Ulrich Museum)。这幅画是不是伦勃朗的真迹，最近有乡争议。威廉·昂格尔为这幅画制作的铜版画发表于《艺术年鉴》(*De Kunstkronijk*, no.12, 1871)，也是凡·高收藏的一部分。
2　《让·西克斯肖像》(1647) 现藏于阿姆斯特丹的伦勃朗故居。在凡·高家庭的藏品中还发现了一幅后来由夏尔·阿曼德—杜兰德复制的画。
3　Lecture Française 可能是指一幅画的名字，比如《巴黎小说》(www.vangoghletters.org [719, note 9])。

伦勃朗·凡·莱茵
《让·西克斯肖像》
铜版画
24.4cm×19.1cm
1647年

"你知道伦勃朗的那幅铜版画,西克斯市长站在窗户前面,正在阅读。我知道文森特和科尔叔叔非常喜欢它,有时候我也会想,他们年轻的时候肯定跟他很像。"
给提奥的信,巴黎,1875年9月12日〔047〕

卡米耶·柯罗
《正在阅读的年轻女子》
纸板油画，裱在木板上
32.5cm×41.3cm
1868年

她作为特定的女性角色加以模式化——她没有被画成一位照料丈夫的妻子，也不是某位给孩子读书的母亲，更不是一位以阅读为消遣的资产阶级家庭主妇，她就只是一位女性。

最后是书本的选择：画家明确说是"一本黄色的书"——一本法国自然主义小说。正是对图书类型的这一选择，使得凡·高的"阅读者"具有现代性：阅读小说的女性。这幅画的标题用的是"小说"（romans），不是"一本小说"，而人们经常误解为后者。当她热切地阅读这本书时，她身后的书架上还有其他的小说在等待她阅读。

凡·高从他所推崇的作品中继承了视觉上的细微差异，这在这幅

凡·高
《阿尔勒女子》（玛丽·吉努）
布面油画
91.4cm×73.7cm
阿尔勒，1888—1889 年

"我不断告诉自己，我心里始终有一个想法，想要有一天画一幅书店的画，店铺的窗户是黄色和粉色的，时间在夜晚，来往路人画成黑色的——这绝对是一个现代的主题。因为它也出现了如此具象的光源。"
给提奥的信，阿尔勒，1889 年 11 月 26 日〔823〕

画的各种细节中都有所体现。凡·高想要创造一位具有明显现代特征的读者，于是他不仅用线条非常清晰地勾画出人物的轮廓，让她在画面中突显出来，而且——其实是最主要的——大胆使用了色彩。霸道的黄色、绿色和黑色互相对抗，这是他研究过日本版画的色彩对比后获得的启发。我们可以在喜多川歌麿的一幅作品中找到范例，《巴黎画报·日本》特刊登载过这幅画——黄色的背景上画着深色的人物轮廓（参见第 107 页）。这样大胆的对比也进入了凡·高的画作。大约同一时期，他画了第三幅关于现代阅读者的油画。

"最后，我用一个小时完成了一幅阿尔勒女子的画像（第 30 号画）"〔717〕，在 1888 年 11 月 3 日写给提奥的信中，凡·高骄傲地画线强调。模特是吉努夫人，也就是车站咖啡馆老板的妻子。凡·高在车站咖啡馆从 1888 年 5 月住到 9 月，然后才搬进黄房子。吉努夫人同意为凡·高摆坐姿画画，还穿着普罗旺斯当地的服饰为高更做模特。凡·高早就想画一位阿尔勒的女性，因为她们的美貌是出了名的——"绝不是开玩笑"〔578〕。

我们现在知道有两幅画面相似的《阿尔勒女子》（L'Arlésienne）。第二幅（参见第 163 页）画了三本破旧的书，其中一本打开放在吉努夫人面前的桌上，绿色的书页和红色的封面形成了一种色彩的同时对比。我们看不到书名，但通过观察那本打开的书，我们能够推断，它不是一本画册，而是一本文字书。画中人的坐姿与通常认为的第一幅画中的姿势相同，不过第一幅画没那么精致（毕竟"一个小时"就画完了），但是在那幅画中，凡·高后来又在桌上加了一副手套和阳伞。[1] 两幅作品中，模特都凝视远处。在第一幅中，她可能是一位旅行者，手套和阳伞暗示了这一点。但是在第二幅中，她被画成了一位阅读者。两幅画中，她都用握着的手支着头，那里是思绪和想象的核心，暗示出一个心思沉重的人正处在迷茫的状态。

关于这两幅画，凡·高在信中从来没有提到过手套或书籍，但是他肯定喜欢摆弄道具（这是头一次），道具的变化基本上就是他在创作第二幅画时所做的全部改动。这样一来，他就改变了观者对画中人及

---

[1] 画有阳伞和手套的《阿尔勒女子》（F489/JH1625）现藏于巴黎奥赛博物馆。画有书籍的《阿尔勒女子》（F4988/JH1624）现藏于纽约大都会艺术博物馆。

第六章 凡·高与阅读者

其身份的认知。描绘"阅读者"的那幅《阿尔勒女子》的创作日期不确定,但很有可能是在《读小说的女子》之后,当时画家重新看了第一幅作品,在桌上加了手套和阳伞——都是非常典型的女性物品——以便为暗沉的画面前景增添一些生气。毕竟,凡·高非常清楚地意识到,就连柯罗也会通过更换道具——通常是增加几本小书——来改变画面的意义,以及模特所扮演的角色。柯罗画在硬纸板上的小画《正在阅读的年轻女子》(*L'étude*)——凡·高 1875 年看了宏大的柯罗回顾展[1],十分推崇这幅画——就是一个范例,凡·高在《阿尔勒女子》中似乎对这幅画做出了回应。

《读小说的女子》中的人物形象在凡·高的作品当中具有非常重要的地位,无论在观念上还是形式上都是如此。遗憾的是,这幅大尺寸的油画很少公开展出,数十年来它一直被私人收藏。[2]因此,在关于凡·高的研究中,它的多重含义尚未得到充分重视。在凡·高丰富的艺术作品中,这幅画犹如沧海一粟,很难与其他的作品相提并论。但在这幅画中,凡·高极大地超越了他那个时代对沉默的阅读者的描绘,充分呈现了个人阅读的现代理念——因热情、知识和个人成长而阅读。这幅画描述了书籍对读者产生的难以形容的魔力,也就是阅读体验。如果我们要想象凡·高如何阅读,只需要仔细看一下这幅画。

---

1 1875 年 1 月,柯罗去世,春天的时候巴黎举行了一场大规模的回顾展来纪念柯罗。九年以后,凡·高把展览目录寄给了凡·拉帕德〔439〕。
2 凡·高的《读小说的女子》(F497/JH1632)曾在纽约现代艺术博物馆、阿姆斯特丹凡·高博物馆举办的展览"凡·高与夜晚的色彩"(Van Gogh and the Colors of the Night)中展出,时间为 2008 年 9 月至 2009 年 6 月。2010 年 11 月 3 日,这幅画在纽约佳士得拍卖行以 310.65 万美金的价格售出(买卖双方是两位匿名的私人藏家)。

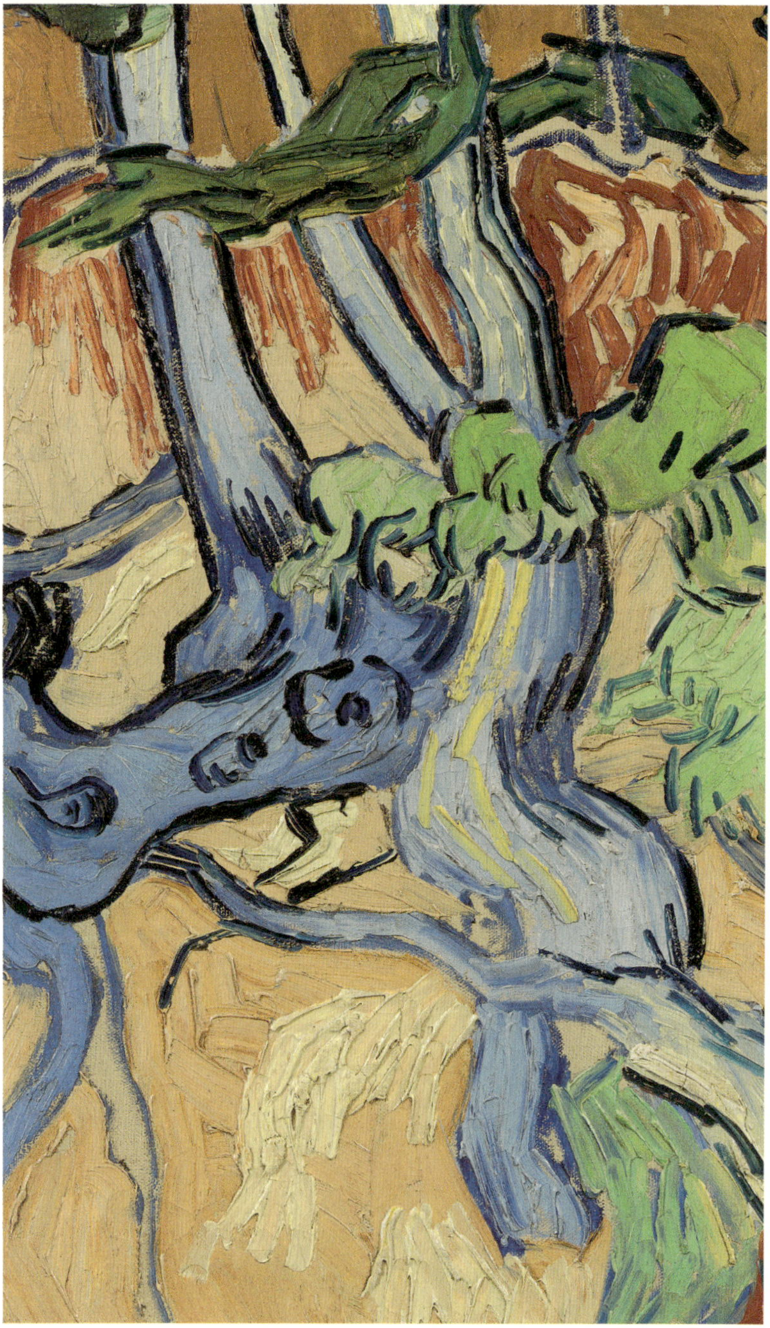

第七章

文森特：一切时代的读者

"正是长时间地凝视事物令你变得成熟，
使你获得更深刻的理解"

对凡·高来说，书籍是旅途中的同伴，是导师，是灵魂伴侣，是个人成长中不可或缺的一部分。他打消了各种艺术之间的界限，由此开启了与喜欢的作家之间的内在对话，而这对于他成长为一位画家来说具有重要作用。在凡·高和书籍的关系方面，有一个关键特征——他不断地渴望了解文字背后的作者，正如他在给威尔写的信中所说："我这个人，读书就是要在其中追寻那位创造了它们的艺术家……"〔804〕有一个事实可以证明这点：他特别重视作者所写的序言。他在普罗旺斯生活的几年里，最重要的一个发现就是莫泊桑为自己新出版的小说《两兄弟》（*Pierre et Jean*）写的序言。在这篇题为《小说》（"Le Roman"）的真诚的美学宣言中，福楼拜的这位年轻"追随者"表明了他的想法，就像凡·高对提奥所说的："你读过那篇序言吗？那篇序言阐释了艺术家拥有适时夸大的自由，拥有在小说中创造一个更美丽、更单纯且抚慰人心的自然的自由，也解释了福楼拜的那句话可能的含义，'<u>天赋就是持久的耐心</u>'，而独创性源自意志力和专注的观察。"〔588〕凡·高画线强调的文字说出了他的切身感受，因为这或许是支撑他的最强大的力量。莫泊桑在描绘人应该如何细致地观察对象的时候，说了一段很精彩的话："要描绘一团燃烧的火和地里的一棵树，我们必须面对那团火和那棵树，直到它们在我们眼中不再像其他的树或火……对于自己想要表达的东西，我们必须足够长久、足够细致地观察，要发现他人从未看到并描绘的方面。最小的事物中也包含着未知的东西。我们要发现它。"凡·高经常数个小时地沉浸在凝视最简单的事物中，或是反复阅读他喜欢的作家的文字，不断地追问自己作为艺术家的立场。他从这种内在的对话中汲取了力量，即使在生命中最黑暗的时刻也是如此。

接下来探讨的画作是凡·高忧郁的写照——1889年1月7日他离开阿尔勒的医院，回到黄房子。对于1888年12月23日那个令人印象深刻的夜晚，他什么都不记得了：他和高更争吵之后，第一次出现了严重的精神崩溃，并割下了自己的左耳。警方在第二天早上发现他时，他浑身是血，昏倒在自己的床上，便立刻将他送进阿尔勒的医院。凡·高在信中并没有直接提到这件事，仅仅是暗示性地说"一位单纯的艺术家疯病发作"，以及一次"非常严重的出血"〔732〕。

自残是一种极端的行为，而且对凡·高来说，一切都由此改变了。他一恢复力气就画了一幅画，一个有书的场景——《有一盘洋葱的静物》(Still Life with a Plate of Onions)，描绘了他那时必需的简单物品。画面左边是一个苦艾酒空瓶；木桌上放着他的烟斗和一纸袋烟草，还有一盒火柴、几颗洋葱、一封信、一本书和一支蜡烛。蜡烛是点燃的，旁边还有一根封蜡，随时可以封印他的下一封信。[1] 粉色的书籍封面画得十分详细，书名和作者名清晰可读"Annuaire de la Santé, F. V. Raspail"，即法国医生弗朗索瓦-文森特·拉斯帕伊的《健康手册或药品及家用常备药》(Manuel annuaire de la santé ou médecine et pharmacie domestiques)，一本非常受大众欢迎的家庭健康手册，自1845年以来每年都会发行。在书中，拉斯帕伊提供了一些不常见的治疗方法，凡·高满怀希望地应用了。刚从医院回来的时候，他特别害怕失眠，称其为"最**可怕**的事"〔735〕，并对独自入睡感到焦虑。他在拉斯帕伊的手册中寻找建议："我在和这场失眠做斗争，方式是在我的枕头和床垫里放入非常非常多的樟脑，如果你也有睡眠问题，我推荐你试试。"〔735〕

两位画家在黄房子共同生活的梦想才过了两个月就破灭了。他们没有继续合作——两人之间的关系实在太紧张。但凡·高似乎还没有完全放弃这个梦想，"我依然告诉自己，高更和我可能还会一起

---

1 画中的信封刻画精细，提奥的字迹可以辨认（www.vangoghletters.org〔736, note 5〕）。

［上图］
凡·高
《有一盘洋葱的静物》
布面油画
49.6cm × 64.4cm
阿尔勒，1889 年

［下图］
弗朗索瓦—文森特·拉斯帕伊
《健康手册或药品及家用常备药》
Paris and Brussels: Librairie Nouvelle, 1881

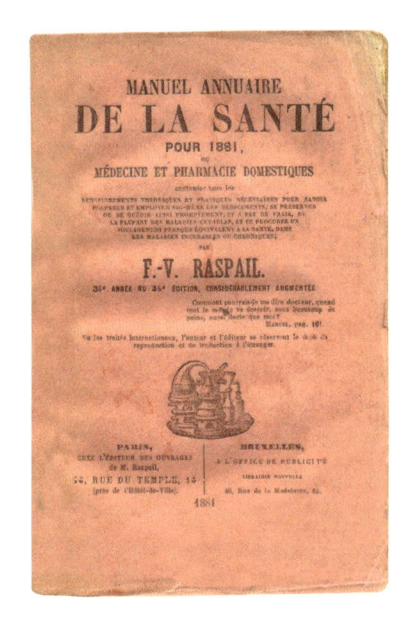

工作"[801]，他在接下来的那一年（1889年）告诉提奥。高更没有去医院看他，并且在圣诞节那天和提奥一起返回了巴黎——提奥在事情发生后很快赶到了哥哥的床边。高更矛盾的性格后来在其回忆录《此前此后》(*Avant et Après*)当中有所体现，我们在此书中会读到他说自己的前室友"脑子混乱"，也能听到他说凡·高取得"惊人的进步"都是因为自己的存在。奇怪的是，在1889年1月19日，凡·高用文学的"暗语"给弟弟写信，通过都德《达达兰在阿尔卑斯山》最后一章的两幅插画而想到了高更："高更有没有读过《达达兰在阿尔卑斯山》？他记不记得达达兰那位来自达拉斯贡的出色伙伴？他有一种想象力，一下子就能想象出整个虚构的瑞士。高更还记不记得，秋天过后挂在阿尔卑斯山高处那个被人再次发现的绳结？而你，你想要了解事情发生的经过，你读过整部达达兰的故事吗？那会令你充分地认识高更。我认真地要求你，再看一遍都德书中的那一段。"[736]凡·高提到的在阿尔卑斯山中发现的断绳上的结，在小说不同的版本中有各种各样的描绘，它就是达达兰和朋友邦帕尔为了攀爬而把两个人绑在一起的绳子。在面对绝境时，两位登山者都私下砍断了绳子，自己挣脱，明知这样肯定会置对方于死地——尽管他们有过约定，在需要的时候会彼此帮助。因此，绳子成为背叛和打破承诺的象征——而邦帕尔既是背叛者也是说谎者，他后来还说自己曾试着去救达达兰。凡·高信中的这些文字表明，他理解事物、与人沟通——尤其是和提奥沟通——的方式非常个人化，而书籍和插画中的人物是其中的关键。这是他们秘密约定的文学暗语。

凡·高迫切地恢复了工作，还没到1月底，他就"有了全新的开始"，继续创作奥古斯蒂娜·鲁兰的肖像，她是凡·高的邮差朋友鲁兰的妻子。凡·高在给高更的信中说，这幅肖像"由于我的意外，手部有些地方还不太清楚"[739]。他的这位模特在前一年的夏天生了一个女儿，而在这幅画中，凡·高没有画出婴儿，但是给画取名《摇篮曲》(*La Berceuse*，参见第173页)，演绎出了berceuse这个法语单词的多重含义：可以指一个轻哄婴儿的女人，可以指一首摇篮曲，也可以指一把摇椅。这是一幅令人感到慰藉的肖像，他还将此画与皮埃尔·洛蒂的小说《冰岛渔夫》(*Pêcheur d'Islande*)中描绘的渔民联想到一起，"如

第七章　文森特：一切时代的读者

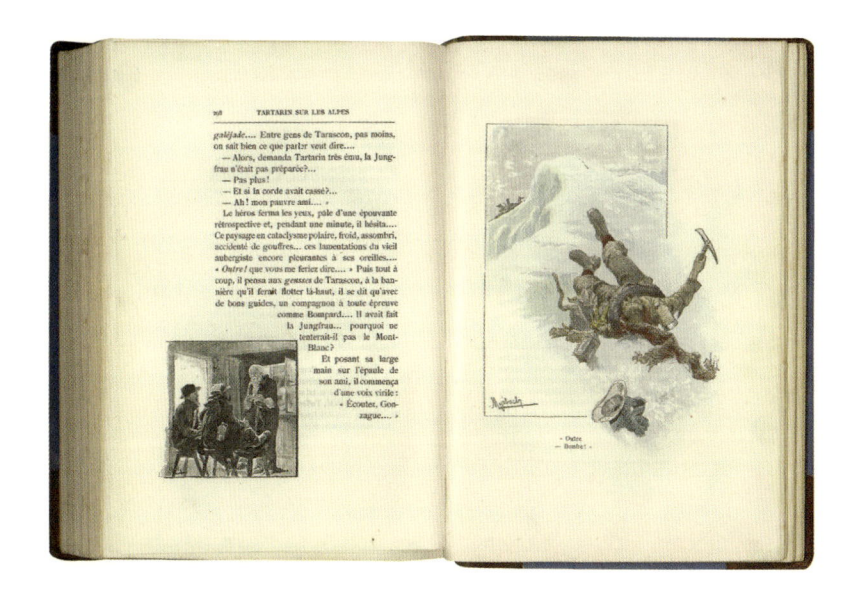

阿尔丰斯·都德
《达达兰在阿尔卑斯山》
Paris: Édition du Figaro. Calmann-Lévy, 1885

果有人将这幅画放在一条船上，甚至是冰岛渔民的船，人们也会感受到其中的摇篮曲"[739]。在洛蒂的小说中，渔民独自面对海上的危险，从"一件圣母玛利亚的小瓷像"中寻求安慰，这件瓷像"固定在船体中部的一个支架上，那是一个神圣的位置"。洛蒂 17 岁时就进入海军学校，受训成为海军军官，他还在一些段落中生动地描写了大自然的狂暴，文字中回荡着海浪的呼啸，海浪"剧烈地弯曲"，一波接着一波，"越来越大"。凡·高现在比以前更需要摇篮曲（chant de nourrice[743]）。在完成第一幅《摇篮曲》之后，他又画了一幅，然后又画了一幅——总共画了五幅送人。同样的主题，每幅都有一点变化，他不仅改变了背景中花朵的颜色，还改变了女性面部的某些细节——重新描画了眼睛和嘴，虽然都是小改动，但足以改变人物的表情和情绪，令她看起

来或者更多思虑，或者更平静，或者有些悲伤。¹

重复绘画对凡·高来说具有特殊的意义。五幅《摇篮曲》并没有激发他头脑中的创造性活动，相反，就像那个在狂风暴雨的海上航行的渔民带着圣母像一样，这种重复性的工作有一种慰藉心灵的效果："啊！我亲爱的朋友，要令绘画像柏辽兹和瓦格纳的音乐在我们面前一样……一种能够抚慰人心的艺术！"〔739〕他在那些日子里给高更这样写道。这种"抚慰人心的艺术"现在看来是双向的，既能抚慰观看者，也能抚慰他自己。

凡·高在这段时期的阅读也同样是重复性的。2月，第二次精神崩溃来势汹汹，他旧日的爱好就像一只救生筏，他在给威尔的信中尤其强调了这一点："我极其专注地重读了斯陀夫人的《汤姆叔叔的小屋》，正因为这是一本女性写的作品，她说这本书是在给孩子炖汤的同时写成的。我还极其专心地重读了狄更斯的《圣诞故事集》。我读得不多，更多的还是在思考。"〔764〕在给妹妹的同一封信中，他坦率地告知对方："至于我，我要去圣雷米的一家精神病院至少待三个月，那里离这儿不远。我一共经历了四次严重的危急时刻，发作的时候，我对自己的所说所想和所作所为都没有任何意识。"1889年4月底，就在离开阿尔勒的医院之前不久，凡·高描绘了一间病房内的景象——《医院住宿处》(Dormitory in the Hospital)²。"一间非常长的病房，其中放置了数排围着白色帘子的病床，几个病人正在活动"〔764〕，他这样对威尔写道。病床都是空的，几个病人站着闲聊，其他的病人坐在一个大炉子旁边。其中有一个病人比别人更突出一些，即使他没有处在画面的前景——那是一个戴着黄帽子的男人，坐在一把椅子上，正在读报纸。

凡·高会在圣雷米的圣保罗修道院精神病院待到1890年5月，这一年将是漫长又麻烦不断的一年，进一步的精神崩溃与高强度的创作交替上演。当状态不错时，他会继续像往常一样绘画、阅读和书写。他的疾病肯定不是他创造力的来源——凡·高身后广泛流传着这种神话——相反，我们知道在他发病的危急时期，他无法画画、阅读或书写。

---

1 《摇篮曲》(1889, F508/JH1671) 现藏于波士顿美术馆。凡·高就这件作品至少重复画了四幅。早在1888年9月，他已经完成了《奥古斯蒂娜·鲁兰怀里抱着玛塞勒》(Augustine Roulin with Marcelle in her Arms, F490/JH1637)。
2 《医院住宿处》(F646/JH1686)，现藏于瑞士温特图尔的奥斯卡·莱因哈特艺术馆。

凡·高
《摇篮曲》
布面油画
92cm × 72cm
阿尔勒，1889 年

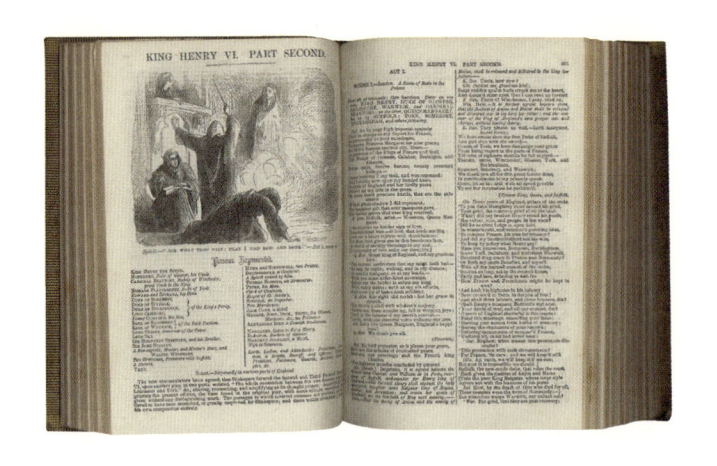

威廉·莎士比亚
《莎士比亚作品全集·亨利六世》(迪克斯版)
London: John Dicks, 1866

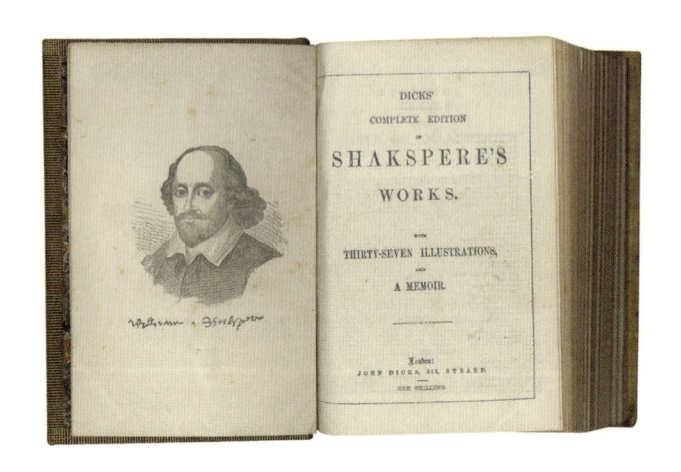

"还要真诚地感谢你,寄给我这本莎士比亚。它会让我不至于忘了那一点点英文——不过首先,它是如此漂亮……但是莎士比亚令我深受触动的地方,就像我们这个时代的某些小说家一样,是作品中这些人物的声音隔着几个世纪的距离传递到我们这里,而且在我们听来并不陌生。声音是如此鲜活,我们会觉得自己认识他们,正在目睹事情的发生。"

给提奥的信,圣雷米,1889 年 7 月 2 日〔784〕

第七章 文森特:一切时代的读者

在圣雷米的那段艰难时光里,慰藉和刺激像钟摆一样交替出现。凡·高能够将这些相互对立的观念加以调和,形成一种动力来滋养他的绘画创作。一方面,是他熟悉的、给他带来慰藉的书籍,他对这些书了如指掌;另一方面,是给他带来振奋的书,刺激他为自己设定全新的远大目标。"我在这里特想时常阅读的,是莎士比亚。迪克斯推出了一版平价本,定价1先令,它包括了莎士比亚的所有作品。"〔782〕英国出版商约翰·迪克斯推出的插画版于1886年在伦敦出版,这书很小,看起来几乎不可能包括莎士比亚的所有作品——悲剧、喜剧、十四行诗都压缩在一本书当中,1008页,4厘米厚。凡·高不想荒废了自己"那一点点英文",于是提奥寄给他一本迪克斯版的莎士比亚。他先读历史剧"君主系列",7月2日之前已经读完了"《理查二世》《亨利四世》《亨利五世》,以及一半《亨利六世》"。

凡·高选择重读莎士比亚,将我们引向他生命最后阶段的阅读习惯的另一重要方面。我们已经看到,他逐步接纳了新的文学方向,这与他的人生和艺术发展是同步的。选择莎士比亚并不是例外。圣雷米的情况与阿尔勒不同,阿尔勒是"世界的有趣部分",是他心中的"达达兰"的故乡〔683〕。现在不同了,他所面对的是真正的"疯子",每天他都能看到有人"丧失理智"〔863、868〕。莎士比亚拥有一种天赋,能够剖析和刻画人类最强烈的情感——无法控制的愤怒,叛逆,内疚,以及暴怒——这种天赋让凡·高对人的心灵和自己的疯狂有了全新的洞察。十年前,他将莎士比亚与伦勃朗相提并论,对提奥说:"莎士比亚——还有谁能和他一样神秘?——他的语言,以及他做事的方式,完全可以和任何一支饱含情感的画笔相媲美。"〔155〕在圣雷米,他再度回到这些书页,透过一种新的情绪状态的棱镜来阅读它们。

这些剧作对凡·高产生了巨大的影响,他告诉妹妹,在读过它们之后,他经常感觉"必须去凝视一片草叶,一根松枝,一串麦穗,来令自己平静"〔785〕。与此同时,在莎士比亚的戏剧场景中,他看到了伦勃朗所擅长的东西,那是关于人性和"柔情"的重要教诲。以下是他给提奥写的信:"所以,在画家当中,伦勃朗所独有的,或者几乎是独有的,那份凝视人类时所流露的柔情,我们在他的《朝圣者在以马忤斯》(*Pilgrims at Emmaus*),或《犹太新娘》,或在你有幸看到的那幅画中某个奇怪的天使形象中,都可以看到——那令人心碎的柔情,那超越凡人的上帝的短暂一瞥看起来如此自然。我们也能在莎士比亚的很多作品中发现这种柔情。"[784]这段话的含义太丰富了。"柔情"(tenderness)这个概念应该读解为某种细腻的感受,它常常伴随着仁慈、同情和悲悯,凡·高认为这是伦勃朗和莎士比亚的作品中都具有的一股积极力量,也是关键的力量。莎士比亚笔下的某些人物体现了基本的价值观,比如人性、忠诚和自我牺牲,这些都可以在黑暗的时刻为人提供力量。忠诚的肯特坚定不移地效忠李尔王,用凡·高的话来说,肯特就是如此"高贵而不凡的人物"[155]。凡·高在信中的评论不多,但是他的反应一直都是非常个人化的:"但是莎士比亚令我深受触动的地方,就像我们这个时代的某些小说家一样,是作品中这些人物的声音隔着几个世纪的距离传递到我们这里,而且在我们听来并不陌生。声音是如此鲜活,我们会觉得自己认识他们,正在目睹事情的发生。"[784]

当时,法国对这位伟大的游吟诗人也产生了一波新的兴趣,因为当时出版了弗朗索瓦-维克多·雨果新翻译的莎士比亚著作。凡·高对这个译本充满热情:"这是个多好的想法啊——维克多·雨果的儿子要把所有[莎士比亚的作品]都翻译成法语,这样一来,所有人都可以读到他了。想到印象派画家,还有今天所有的艺术问题,我们能从他那里学到多少东西啊。"[784]从凡·高的评论可以看出,他不仅把绘画和写作看成关系紧密的近亲,还看到了莎士比亚写作方式中"非个人化"的特点,这令他的作品生动且现代。莎士比亚也凭借"超凡的非个人化",得到诸如福楼拜等当代作家的欣赏。"谁能告诉我莎士比亚爱什么、恨什么,诸如此类?"福楼拜1852年在一封给朋友的信中如此写道。

多年来凡·高阅读的主要是当代作家,现在他渴望回到经典,在阅读这位伟大的游吟诗人的作品时,他向提奥承认:"我觉得自己很幸运,能够在闲暇时光阅读或重读[莎士比亚],之后我很希望有朝一日能阅读荷马。"阅读荷马的愿望凡·高只表达过一次,这是他公开宣布的最后一项文学阅读计划。在雨果所称颂的西方伟大文化的三大支柱"《圣经》《荷马史诗》和莎士比亚"中,《荷马史诗》是凡·高唯一欠缺的部分。凡·高在博里纳日时读过雨果的《莎士比亚论》,并留下了

凡·高
《丝柏》
芦苇笔、钢笔、墨水、石墨，横纹纸
62.2cm×47.1cm
圣雷米，1889年

深刻的印象[158]。在这本书中，雨果对天才的狂热论述无与伦比，称颂荷马为"伟大的孩童诗人"："和莎士比亚一样，荷马是最重要的作者。"这也可能推动了凡·高的思想变化，让他说出了自己在文学阅读方面最后的雄心。遗憾的是，我们已经知道，这个计划永远都无法完成了。

在那个多风的夏季，我们的画家摒弃了过多的色彩，寻找一种新的风格。他"专攻"柏树这个主题——柏树是他这段时间里最喜欢的树木之一，另一种是橄榄树——创作了一系列作品，都带有强烈的情感。凡·高曾经主张默想式的观察，他觉得"从近在咫尺的地方观察事物，这种方式值得一试"[783]——因为离得实在太近了，于是他决定强调

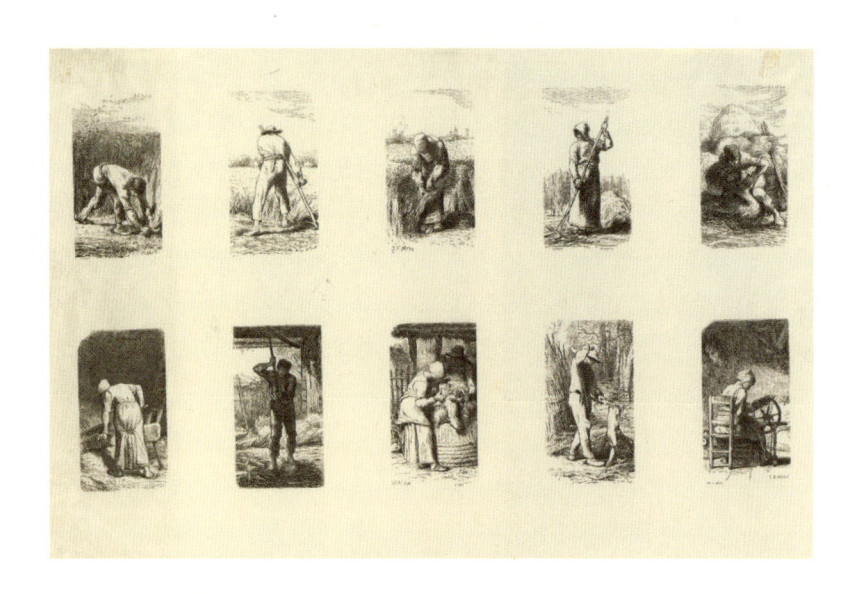

雅克·阿德里安·拉维耶制版
［原作者］让—弗朗索瓦·米勒
《田间劳作》
木版画
43.6cm×67.5cm
1853 年

柏树的高大，把它的顶端移出了观看者的视野。他给提奥照着油画的柏树画了一幅简图，在这幅出色的图中，我们可以看到他的描绘方式（参见第 177 页）。在写给弟弟的信中，他的文字好像在和莫泊桑的文字对话："柏树依然占据了我的头脑，我想用它们创作出一些像向日葵那样的作品，因为它们确实让我吃惊，还没有人以我观看的那种方式去画它们。"[783] 他用一支笔尖很粗的芦苇笔蘸墨水画画，或是同时使用铅笔和墨水去营造那种绝妙的书写效果。他的画纸上充满了富有韵律的波浪线条，这种画法他已经在油画中尝试过了，比如那幅名为《星夜》（Starry Night）[1] 的杰作。

---

1 《星夜》（F612/JH1731），现藏于纽约现代艺术博物馆。

第七章　文森特：一切时代的读者

结束了持续大约六周的漫长发病期——期间无法工作，到了9月，凡·高重新拾起了画笔，但这一次是在室内作画。除了画自画像，以及为家人重新画了几幅画，他开始仿照黑白复制品作画，这些画都出自他喜欢的画家——德拉克洛瓦、米勒、伦勃朗、多雷、杜米埃。为了向米勒致敬，他很快就模仿《田间劳作》——他开始画家生涯的起点——画了第一组油画，一共十幅。他选择了这位精神导师的作品，将其转换成彩色油画，以此为主题即兴创作，画面中交织着蓝色、黄色和绿色等丰富的色彩。在绘制这些画的过程中，凡·高获得了极大的安慰，明智地控制了他的精力："我是偶然决定这么做的，然后我发现可以从中学到很多，尤其是有时候能从中获得安慰。"〔804〕他将自己的工作比作一位演绎贝多芬的小提琴家："于是我的画笔就在我的指间跃动，就好像弓子在小提琴上跃动，绝对是为了自己高兴而画。"〔805〕这种"画画以自娱"的观念，同样适用于他的阅读。

他时刻准备着学习新东西，不仅在普罗旺斯重读那些文学巨匠的作品，比如巴尔扎克或启蒙哲学家伏尔泰[1]，也从比较低调的作品当中学习，比如斯陀夫人的《汤姆叔叔的小屋》。在他的一生当中，这种谦卑的态度培养了他开明的心态，而且，作为一位无所不读的读者，他充分意识到书籍在他那个时代所具有的教育和娱乐功能。在一封1889年9月从圣雷米寄给提奥的信中，凡·高称赞了法国画家保罗-阿尔贝特·贝纳尔的作品《现代人》(*Modern Man*)[2]，并从理念上将这幅画与法国出版界的重要人物皮埃尔-儒勒·赫策尔的肖像[3]联系起来。他对他们的评价简短又模糊：两人都代表了"19世纪的主调"〔798〕。这一点非常重要，它表明了凡·高阅读图像和阐释图像的出色能力。凡·高把这两幅肖像相提并论，是想表达什么呢？令他产生这些想法的画面场景，是一个朝向海面的阳台，一个男人手里拿着本书，他刚刚停下阅读，而一个女人正看着他，她腿上坐着的孩子也在望着他。凡·高

1　凡·高在1889年6月下旬给提奥的信中写道："我又重读了伏尔泰的《查第格》(*Zadig ou la destinée*)，读得非常开心。它很像《老实人》(*Candide*)。至少这位强大的作者令我们看到，生活依然可能具有意义。"〔783〕
2　《现代人》和《史前人》(*Prehistoric Man*，约1887年，私人收藏)是保罗-阿尔贝特·贝纳尔创作的双联画。1887年春天，凡·高和提奥在巴黎的乔治·珀蒂画廊看到过它们〔798〕。
3　即梅索尼耶的《皮埃尔-儒勒·赫策尔肖像》(*Pierre-Jules Hetzel*, 1879)，现藏于法国默东艺术与历史博物馆。这幅肖像中没有画任何书籍。

觉得这种轻松悠闲的情景体现了一种家庭阅读的观念，阅读既是娱乐也是教育——这也正是赫策尔出版"教育和娱乐图书馆"（Bibliothèque d'éducation et de récréation）丛书成功背后的理念。凡·高拥有很多本这个系列的书。他特别看重法国双人作家埃克曼－沙特里安的历史小说，1883年寄了一本他们的小说《一个农民的故事》（Histoire d'un paysan）给凡·拉帕德，说："你会发现它十分精彩。"〔345〕

凡·高确信，阅读是教育和娱乐的重要形式，而在圣雷米，他得以亲身践行这一主张。他对于发现文学新星并不热衷，也不像威尔那样狂热地迷恋"俄国人"（除了托尔斯泰）——19世纪80年代，俄国小说在法国和整个欧洲都大受欢迎〔804〕。凡·高是一切时代的读者，他沉浸于喜欢的著作中，肯定会在一本旧书的字里行间发现新的意义。

他再次想到了《圣经》，但是以一种新的形式。凡·高与高更和贝尔纳在书信往来中激烈地争论艺术应该朝哪个方向发展，他们当时主要讨论的就是宗教艺术——取材于《圣经》的绘画。他的这两位朋友当时在创作"现代的"《圣经》画[1]——采用简化的人物形象表现宗教幻觉，运用古代的视觉象征，像先知一样表达出新的真理。凡·高完全不同意这种立场，他相信伦勃朗和德拉克洛瓦"在这方面已经做得非常好"。凡·高推崇"真实的，可能的"，认为现代艺术必须发现新道路，而不是回望过去——他在1889年11月26日给贝尔纳的信中这样写道〔822〕。而就在同一天，他毫不犹豫地将自己的弟弟拖进了这场争论："当然，对我来说从《圣经》取材毫无问题——而且我已经给贝尔纳写信了，也给高更写了，我告诉他们，我相信，思考，而不是做梦，这才是我们的责任。"〔823〕

这一宣言表达了凡·高作为艺术家的立场，以及他的文化信条。提到"做梦"肯定不是偶然，它可以回溯到那个被凡·高抛在身后的巴黎文化圈，以及"雷东风格的作品"——凡·高对前一年从贝尔纳那里收到的一些速写的称呼，而且他"并不认同他对那种风格的狂热"〔650〕。法国象征主义画家奥迪隆·雷东的作品弥漫着一种神秘和梦境般的氛围，画面中的主要人物都悬浮在现实和想象之间，仿佛身处梦境当中。

---

[1] 1889年，高更和贝尔纳相继创作了《橄榄园中的基督》。高更在1889年11月10日至13日之间寄给凡·高的信中，画了此画的草图（信件编号817）。（编辑注）

保罗-阿尔贝特·贝纳尔
《现代人》
布面油画
51cm×183cm
约 1884—1886 年

"真的有很多作品都比赫策尔的肖像更能体现 19 世纪的主调吗？贝纳尔创作我们在乔治·珀蒂画廊看过的那两幅优美的板上[1]油画《原始人》和《现代人》时，将现代人画成一位阅读者，当时他也是同样的想法。"
给提奥的信，圣雷米，1889 年 9 月 2 日〔798〕

---

1 凡·高信中称这两幅画为 panels，但实际上是布面油画，不是板上油画。（编辑注）

雷东的作品成为高更和贝尔纳的重要参考。为了说服年轻的朋友贝尔纳，令其认识到自己的《圣经》画创作走错了方向，凡·高提到了自己前一年的两幅油画，他在1889年11月26日给贝尔纳的信中这样写道："高更在阿尔勒的时候，我有那么一两次放任自己走上了抽象的道路，你知道的，画的是一个女人摇着摇篮，一个深色皮肤的女人在黄色的阅读室读小说……但那是迷魂地[1]——我亲爱的朋友——你很快就会发现自己撞上了一面墙。"〔822〕

凡·高所说的"抽象"（abstraction）指的是什么？这个复杂的问题对于艺术的未来十分关键。这个词和哲学关系密切（作为"将要素分离出来，并分别加以思考的能力"[2]），在当时和艺术的关系还相当模糊（"所谓的抽象画"〔822〕），但是我们至少可以说，凡·高和高更显然并没用它来指非具象的艺术——这种艺术将兴起于接下来的新世纪[3]。有意思的是，1888年6月凡·高用这个英文词来描述他寄给画家朋友约翰·彼得·罗素的一幅素描："我随信寄去一幅涂鸦［一个头发浓密的小姑娘的头像］，这样你可以评价一下我的抽象画。"〔627〕凡·高当时用的是这个词的字面意思，即他自己有能力提炼刚刚见到的街头儿童的性格和情绪，并在头像中表现出来。7月，高更在一封给凡·高的信中使用了这个词，信中他说自己"完全"同意凡·高的观点，认为"准确性对于艺术来说重要性极其有限"，他接着说："艺术是一种抽象；遗憾的是，我们对它的误解越来越深。"〔646〕

记忆，想象，梦，简化的线条，以及色彩的大胆运用，这些都是他们在阿尔勒火热讨论的核心问题，所有这些都可以归入"抽象"的熔炉。最大胆的画家血液中都沸腾着超越印象派和后印象派的欲望，凡·高和高更则位居前列。然而，他们不能遵循同一条道路。他们的理想存在鲜明的反差，法国象征主义批评家、诗人古斯塔夫·卡恩在《事件》（*L'Événement*，1886年9月28日版）报中言简意赅地指出了这一点。

卡恩试图说明象征主义运动的意图："我们艺术的根本目标在于将

---

1 在约翰·班扬的《天路历程》（*The Pilgrim's Progress*）中，名为基督徒的主人公对"希望"（Hope）说："你不记得了吗？有一位牧者告诉我们，要小心'迷魂地'。他的意思是，我们必须小心别睡着，'所以我们不要像别人那样睡过去，我们要留心，要保持清醒'。"
2 参见丹纳在《英国文学史》中对这个概念的定义。凡·高对这本书很熟悉。
3 "抽象"（abstract）这个形容词和艺术有关的含义，1935年被收入法语词典。

第七章 文森特：一切时代的读者

主观经验客观化（观念的客观呈现），而不是将客观存在主观化（透过某种秉性看到的自然）。"换句话说，象征主义者否定那些影响了自然主义文学和左拉美学的实证主义理论，在哲学上强调"观念"的首要地位，强调通过典故和暗示这种非自然的形式来表达观念的必要性。[1] 高更相信，艺术家可以依赖自身特有的主观状态，创造一种通过观念来表达的艺术；凡·高则相反，他推崇"真实的，可能的"，他的文学思维与泰奥菲勒·托雷、丹纳、欧仁·弗罗芒坦[2]和左拉这样的思想家紧密相连。托雷在《荷兰博物馆》中宣称："绘画的对象是自然的生命，不是抽象的观念、假设或幽灵，而是将有生命的形态具象化的观念，是具体化的观念，类似英文中的 imbodied（体现）。"就左拉而言，他已经简洁地界定了"艺术时刻"。另一方面，弗罗芒坦恰如其分地将伦勃朗描述为各个方面的"抽象者"，一位"感受"和"情感"的描画者——这些词接近艺术中"本质"的概念，与凡·高的内心十分契合。

以上都是凡·高的思想模范，他借助他们以追求面向大众的艺术。高更则与此相反，他痴迷于原始的异国情调——面向小部分精英的艺术——并接纳了逃避现实，拥抱远离"腐朽文明"[3]的荒野的神话。从文化和文学的视角来看，上述简要的表述或许可以让我们认识到，凡·高和高更之间关于"抽象"的问题，在根本上代表了两种迥异的理想，即艺术家的责任是什么——凡·高的回答是："思考，而不是做梦。"

新年到来，更严重的精神崩溃也随之到来，1890年1月，凡·高觉得自己就像"一只破了的罐子"[839]。与此同时，提奥自从和乔结婚后，生活发生了巨大的变化，现在正期待着第一个孩子的降生。凡·高当时迫切地想要回到北方，他确信，"一群疯子一起待在这个老旧的修道院里"会成为"一件危险的事，人有可能丧失尚存的所有理智"[833]。他的家人非常关心他的病情，从提奥给威尔的信中我们可以得知，他们仔细地挑选寄给凡·高的书籍，帮他排忧解闷，并排除了那些比较黑暗的书籍，例如亨利克·易卜生的《群鬼》（*Ghosts*）：

---

1 "象征主义的本质是'暗示，而永远不作描绘'。"这表达了象征主义者对现实的厌恶，以及他们对实证哲学的直接反对。
2 欧仁·弗罗芒坦（Eugène Fromentin，1820—1876），法国浪漫主义画家、作家，著有《比利时与荷兰的古代大师》（*Les maîtres d'autrefois. Belgique–Hollande*，1876）等。（编辑注）
3 见高更写给提奥的信。

"威尔,非常感谢寄来的易卜生的几部戏剧,我把《娜拉》(Nora)寄给文森特了,但是以他目前的状况,我更倾向于留下《群鬼》过段时间再给他。"[1] 遗憾的是,凡·高书信中并没有对这位挪威剧作家的《娜拉》——也称《玩偶之家》(A Doll's House)——有所评论,我们也无从知道他对这些书的反应。

1890年2月,凡·高再次重复绘画,不过有了一种新的、有趣的表现形式,"我有一幅阿尔勒女子的肖像在画,我在这幅画当中寻找一种与巴黎女人不同的表情"[856]——他给威尔写道。凡·高已经有段时间没有画肖像了,而在缺少模特的情况下,他找到了一个实用、富有创意的解决办法。他在一幅粉笔和炭笔素描的基础上创作了一些新的油画,这幅素描是高更留在普罗旺斯的,当时玛丽·吉努为他俩当模特。现在我们知道有四版吉努夫人的肖像,作品的色彩和女子面部的表情都有一些变化。[2] 如今,凡·高已经十分擅长描画人物的情绪和神情,哪怕当时使用的是虚拟的模特。在画面前景的桌子上有两本书,都是合上的。书脊上描画的书名显示,这两本书是斯陀夫人的《汤姆叔叔的小屋》和狄更斯的《圣诞故事集》,凡·高在圣雷米的时候又充满感情地重读了它们。这两位老朋友现在又给予了他积极的人生态度和人道主义情感。这两本绿色的书籍,书名是英文,但是我们这位画家对他喜欢的书籍开了个玩笑——用他以前就喜欢的语言变形:在穿"粉色"的阿尔勒女子画面中,用的是法文的标题,而书的封面是红色的。这是凡·高全部绘画作品中唯一的例子:标题用了两种语言。尽管他一生中的大多数时候都用法语和英语阅读(这两种语言对他来说都是外语),但值得注意的是,他对同一作品的不同译本非常关注。在狄更斯和斯陀夫人虚构的故事中,自然地流露出(文学)艺术的伦理和政治潜能,成为道德责任的清晰典范。人道主义的信息不会受限于语言的隔阂,而凡·高在生命中的这个阶段,连续四次将这两本书放在一起,绝不是偶然。

1　1890年3月上旬,提奥给威尔的信(Family Records, b941)。
2　1890年4月底,凡·高从圣雷米给提奥寄了四幅吉努夫人的油画肖像,这也是他最后的委托。应该还有第五幅画,但此幅丢失了[863,注释8]。(四幅油画中,除了一幅吉努夫人的上衣为粉色,其他均为深色。粉色版由私人收藏,另外三幅分别收藏于巴西圣保罗艺术博物馆、罗马国家现代美术馆、荷兰库勒−慕勒博物馆。编辑注)

"这幅阿尔勒女子的肖像采用了色彩寡淡的色调，肤色没有什么光泽，她的眼睛平静且非常单纯，衣服是黑色的，背景是粉色的，她的肘部支在一张绿色的桌子上，桌上放着绿色的书。"

给威尔的信，奥维，1890 年 6 月 5 日〔879〕

凡·高
《阿尔勒女子·吉努夫人》
布面油画
65.3cm × 49cm
圣雷米，1890 年

查尔斯·狄更斯
《狄更斯作品集·圣诞故事集》
家庭版
弗雷德里克·巴纳德插图
London: Chapman & Hall, 1878

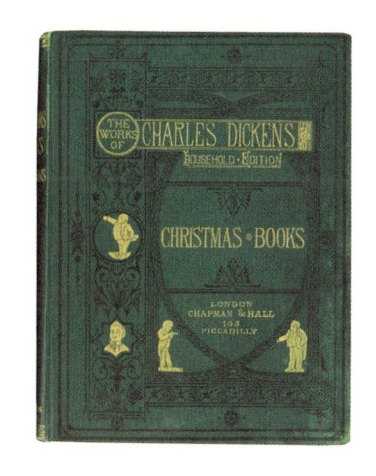

在凡·高生命中最混乱的几个月里，他身边所有的病人都无所事事，"极度懒散"[866]，"一本书也没有，没有什么东西能分散他们的注意力"[776]。但即便如此，凡·高也依然坚守着他终生的信条："如果我不学习，如果我不一直努力尝试，那么我就会丧失自我。"[155]他坚信，"懒散"的"瘟疫"一直折磨着他的病友，而"抵抗"这种瘟疫是"他的责任"[801]。1890年5月，在圣雷米度过漫长的一年之后，凡·高对回到北方的渴望比以往任何时候都更加强烈。5月中旬之前，一切都尘埃落定：他将会前往瓦兹河畔的奥维，一个距离巴黎三十公里的宁静小镇。

5月16日，我们的画家登上了前往首都巴黎的火车，他会去看看提奥及其新家庭，在那里住几天，同时也跟熟人和老朋友叙叙旧。然后他继续前往奥维，借宿在那里的拉乌客栈。他遇到了新的医生保罗·加歇——是印象派画家卡米耶·毕沙罗推荐给提奥的。加歇是一位业余画家，也是很多职业画家的朋友，他同意照看凡·高。凡·高一开始觉得他"相当古怪"，但很快又觉得与他"一见如故"[879]。加歇鼓励凡·高创作，认为这是在"这种情况下"所能做的最好的事。凡·高经常去拜访他，并在他家里画画。他为自己的新医生画了两幅肖像，在其中一幅中，我们能看到两本书——龚古尔兄弟的《热米妮·拉舍特》和《玛奈特·萨洛蒙》，都是凡·高带给医生的。《热米妮·拉舍特》是凡·高最喜欢的小说之一，埃德蒙·德·龚古尔自己也将这本书看作他们兄弟俩"以现实主义、自然主义之名"创作的一切作品的"典范"[1]。这本书的序言肯定又一次打动了凡·高。在开头几行中，两位作者颇具煽动性地宣布了小说的内容和他们的写作方法："我们必须恳请公众原谅，因为我们写出了这本书，并提醒人们关注本书的内容。公众喜欢虚构的作品，这是事实。他们喜欢那些与流行世界有关的书，这本书就取材于街头。"这个开场白堪称简洁明了的典范，极其适合与新朋友（如果这位朋友不巧还相当忧郁的话）展开讨论。这些也是凡·高所画的最后几本书。和阿尔勒女子系列油画（参见第163、185页）一样，这些画中也没有阅读者。实际上，读者就是画家本人。

---

1 引自埃德蒙·德·龚古尔《亲爱的》序言。

凡·高
《加歇医生》
布面油画
66cm × 57cm
奥维，1890 年

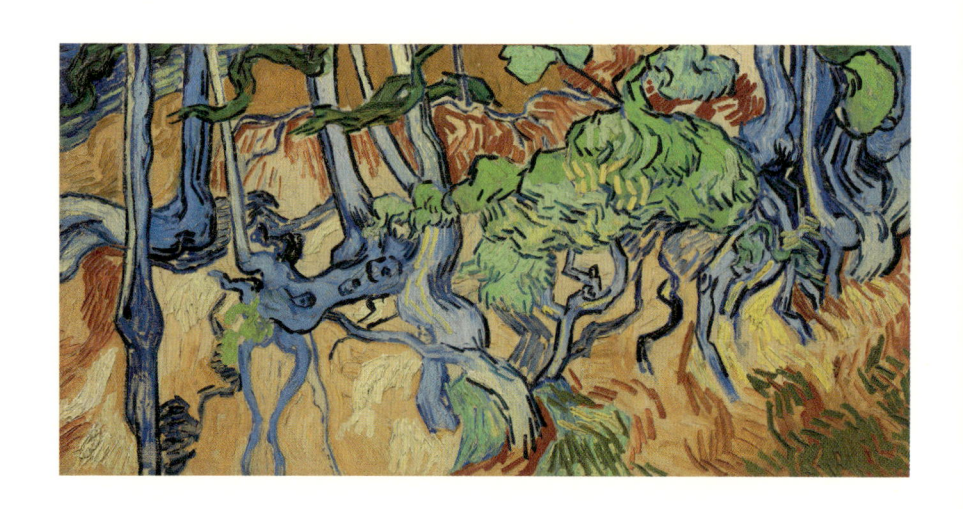

凡·高
《树根》
布面油画
50.3cm × 100.1cm
奥维，1890 年

"绘画的对象是自然的生命，不是抽象的观念、假设或幽灵，而是将有生命的形态具象化的观念，是具体化的观念，类似英文中的 imbodied（体现）。"

泰奥菲勒·托雷，《荷兰博物馆》

第七章 文森特：一切时代的读者

美丽的奥维乡村令凡·高一见倾心，他首先描绘的主题是当地传统房屋的茅草屋顶，它们的轮廓似乎就要融化在他的笔触之中。而他的画笔现在又恢复了生气，甚至更有活力。他的创造力简直令人难以置信——在奥维，他每天都画不止一幅油画，此外还在那里画了数十幅素描。我们对凡·高在奥维的阅读情况一无所知，很遗憾，这时期的书信也没有任何帮助，重新获得的自由似乎直接进入了他的创作。在6月中旬写给母亲的一封信中，他承认自己很有可能会"一直独身"，他还提到了前一年读到的一句话，说"写一本书或画一幅画，和生养一个孩子是一样的"[885]。

在凡·高生命的最后几个星期，他的艺术实验似乎发展出两条相互补充的新道路。一方面，他开始着手一个全新的系列，创作大型的全景式油画，画布"一米长，但是只有五十厘米高"[891]。这种规格对他来说倒不算陌生，但这是他第一次系统地使用。他从一卷画布上整齐地裁切出所需要的部分。整卷画布高2.14米、长10米，是提奥寄给他的。我们现在看到的十三幅大型油画就来自这卷画布，其中包括《麦田里的乌鸦》(Wheatfield with Crows)，画于7月中旬。他将其中两幅描绘为"涌动的天空下，绵延不绝的麦田"，并试图在画中"表达悲伤和极度的孤独"[898]。

与此同时，他将好奇的目光投向新的实验道路，综合运用艺术形式和手部动作，常常表现日常景物的局部特写——盘根错节的老藤蔓，一条乡村马路，或是从加歇的花园剪下的一段枝条，这些都启发他去钻研更加抽象的表达途径。他的目标似乎始终都不是复制现实，而是短暂地观看现实，从中提取出相互交织的形式和形状，同时不会丧失对自然物体的把握。凡·高的作品中始终跃动着鲜活的生命力，这类风格作品的巅峰就是《树根》(Tree Roots)[1]，一幅高宽比为1:2的油画，从其他作品中脱颖而出。画面中，扭曲的树根有着天空般的蓝色。这最后一幅杰作唤起了凡·高过去喜爱的"布满树瘤的树根"[148、149]所蕴含的抽象的和谐。观看者所面对的是一片没有地平线、没有界线，也没有视觉消失点的风景。经过最初的迷惑之后，我们被引入画中，

---

[1] 一般认为，这幅画创作于凡·高开枪射中自己胸口的当天。

自由地移动——凡·高的自由也成了我们的自由。我们不知道凡·高是否给这幅作品取了名字。在最后几封书信中，画家并没有提到这幅描绘树根的画，没有提到这些长在奥维乡村，在林木下方舞动的黄蓝相间的树根。这幅画是户外写生作品，他毫不迟疑地表达了自己当时的感受，而不仅仅是当时的所见。《树根》是一幅充满力量的画作，超越了以描绘现实为主的现实主义，揭示了凡·高始终坚持的大胆的创作方向。"我试着夸大事物的本质，并有意让那些司空见惯的事物保持模糊"[588]，1888年他从阿尔勒给提奥写信时就这样说过。莫泊桑认为艺术家拥有适时夸大的自由，这一观点巩固了凡·高在普罗旺斯期间所持的深层信念。在奥维，凡·高所探究的远不只是这些。在绘画中把握情感的本质，是他最后的挑战。

与书为伴的一生：凡·高生平简表

1853 年

3 月 30 日，文森特·威廉·凡·高生于北布拉邦省津德尔特村，父亲是提奥多鲁斯·凡·高（1822—1885），母亲是安娜·科妮莉亚·凡·高－卡本特斯（1819—1907）。文森特是六个孩子当中的长子，后面五个孩子分别是：安娜（1855—1930）、提奥（1857—1891）、伊丽莎白（昵称丽丝，1859—1936）、威尔敏娜（昵称威尔，1862—1941）、科内利斯（昵称科尔，1867—1900）。1852 年母亲还曾产下一名死婴，也取名为文森特。

[1869—1876 年：早些年在古庇尔公司任职]

我们对凡·高幼年时期的阅读经历所知甚少。他的父亲是一位牧师，属于荷兰归正教会的"格罗宁根派"。他认为儿童的道德教育非常重要，相信伦理小说和诗歌可以强化心智。母亲安娜也认为《圣经》中的文字是生活斗争的武器"（Family Records，b2511）。凡·高的两位叔叔"森特叔叔"（文森特，1820—1888）和"科尔叔叔"（科内利斯·马里努斯，1824—1908）都是有声望的画商。森特拥有非常丰富的艺术收藏，主要是海牙画派和巴比松画派的作品。科尔是阿姆斯特丹的画商和书商。森特是古庇尔公司的股东之一，凡·高和提奥先后在古庇尔公司的欧洲分部谋到职位，这位叔叔功不可没。

1869 年

7 月，凡·高开始了在古庇尔公司海牙分部的职业生涯，他是当时最年轻的助理。古庇尔公司是一家国际性的艺术画廊和出版机构，在巴黎、海牙、布鲁塞尔和伦敦都设有分部。凡·高开始收藏古庇尔公司售卖的版画、艺术复制品以及照相制版的印刷品。

1873 年

1 月，提奥在古庇尔公司布鲁塞尔分部谋得职位，兄弟二人开始通信。

5 月中旬，凡·高在巴黎待了几天。

5 月 19 日前后，凡·高开始在古庇尔公司伦敦分部工作。

8 月至 11 月，凡·高阅读英国作家约翰·济慈的诗作，"这位诗人在荷兰并不十分出名"[012]。他读了**泰奥菲勒·托雷**的《荷兰博物馆》，还读了法国艺术评论刊物《美术公报》（Gazette de Beaux-Arts）。

秋天，凡·高阅读了**米什莱**的《爱》，并重读了美国诗人朗费罗的叙事诗，觉得它们"非常优美"[014]。

1874 年

3 月，提奥读了凡·高寄给他的托雷著作，这让凡·高很开心[021]。

7 月，凡·高告诉提奥，米什莱的《爱》对他来说"是一个启示"[026]。

10 月下旬，凡·高暂时调往古庇尔公司巴黎分部任职。

12 月，凡·高在荷兰海尔福伊特过圣诞节，当时全家人已经迁居此地。

◆ **泰奥菲勒·托雷**（Théophile Thoré，1807—1869），法国艺术评论家、记者，以笔名 W. Bürger 出版了一系列描述欧洲公立与私人博物馆藏品的著作。这些详细的指南性读物写得非常个人化，易懂又有趣。凡·高有他关于荷兰的两册：《荷兰博物馆：阿姆斯特丹和海牙》（Musée de la Hollande : Amsterdam et La Haye，1858）和《荷兰博物馆：阿姆斯特丹的范德霍普博物馆和鹿特丹博物馆》（Musée de la Hollande : Musée van der Hoop, à Amsterdam, et Musée de Rotterdam，1860）。托雷认为，"伦勃朗的艺术乃至荷兰艺术就是'为人类的艺术'（L'ART POUR L'HOMME）"，这个总结用大写字母印在第一册的最后一页上，对凡·高个人以及后来的艺术家凡·高产生了持久的影响。

◆ **儒勒·米什莱**（Jules Michelet，1798—1874），法国历史学家、作家，他最著名的是里程碑式的著作《法国史》（Histoire de France，1833—1867）和《法国大革命史》（Histoire de la Révolution Française，1847—1853）。在《论人民》（Le peuple，1846）中，米什莱向读者呈现了法国

工人阶级在工业化压力下的窘境。《爱》(*L'amour*, 1858—1859)和《论女性》(*La femme*, 1860)是讨论两性关系的道德说教作品, 风靡一时。凡·高在很多方面都推崇米什莱的著作("就我来说, 精神之父米什莱对我影响很大"[187]), 同时非常喜爱其富有诗意的自然主题的作品, 例如《鸟》(*L'oiseau*, 1856)和《海》(*La mer*, 1861)。

1875 年

凡·高 20 岁出头的时候, 非常喜欢法国和德国浪漫主义作品。在 1873 年和 1876 年之间, 他编写了四本诗歌小册子, 其中两本是为提奥编的, 第三本是为荷兰画家马泰斯·马里斯编的, 第四本则是为妹妹伊丽莎白(丽丝)编的。1875 年 3 月, 他在从伦敦寄给提奥的信中首次提到了第二本诗歌选集, 其中收录的诗歌和散文选篇都来自米什莱、圣佩韦、卡莱尔、朗费罗、海涅、歌德等人。

1 月至 2 月, 凡·高回到伦敦继续在古庇尔公司工作。

3 月, 寄给提奥第二本诗歌选集[029]。第一次提到了**乔治·艾略特**的一部小说《亚当·比德》。他还寄给提奥法国作家埃内斯特·勒南写的《耶稣传》(*Vie de Jésus*)和米什莱的《圣女贞德》(*Jeanne d'Arc*)。

5 月中旬, 凡·高赴古庇尔公司的巴黎总部任职。

9 月, 他的宗教热情都反映在阅读当中, 在一封给提奥的信中, 他写道"我要处理掉我所有米什莱的书, 你也应该这么做"[050]。

10 月, 他建议提奥阅读**埃克曼—沙特里安**的作品[055]。他读了**托马斯·厄·肯培**的《效法基督》, 以及法文版《圣经》[055]。

12 月, 他在埃滕过了圣诞节, 当时凡·高全家都已经搬来这里。他建议提奥处理掉他那些关于诗歌的"小书"[062]。

▲ **乔治·艾略特**(George Eliot, 1819—1880), 是玛丽·安·伊文思(Mary Ann Evans)的笔名, 她是英国维多利亚时代最重要的女性文学家之一。她的小说因现实主义和精神洞察而备受推崇。凡·高读了她的很多小说, 包括《亚当·比德》(*Adam Bede*, 1859)、《菲利克斯·霍尔特》(*Felix Holt, the Radical*, 1866)、《织工马南》(*Silas Marner : The Weaver of*

Raveloe，1861）、《教区生活场景》（Scenes of Clerical Life，1857）和《米德尔马契》（Middlemarch，1871）。艾略特很快成为凡·高最喜欢的英语作家之一。最初他并没有意识到艾略特的真实身份（他提到这位作家时说"他的著作"〔082〕），后来在1883年3月，他写的是"她的《亚当·比德》"〔332〕。

♠ **埃克曼-沙特里安**（Erckmann-Chatrian），法国受欢迎的双人作家埃米尔·埃克曼（Émile Erckmann，1822—1899）和亚历山大·沙特里安（Alexandre Chatrian，1826—1890）的笔名。他们的历史小说广受好评，因为它们是"为人民大众"而写的，生动好读。凡·高第一次提到他们的书是1875年10月在巴黎〔055〕，他喜欢他们的态度，在海牙期间也一直喜欢阅读他们的小说。他最喜欢的一本是《一个农民的故事》（Histoire d'un paysan，1868），该书从一个淳朴的阿尔萨斯农民的视角来讲述和反思法国大革命。凡·高于1883年将此书寄给了凡·拉帕德〔345〕。

♠ **托马斯·厄·肯培**（Thomas à Kempis，1379/1380—1471），荷兰修士和神秘主义者。他的《效法基督》（De imitatione Christi，约1418—1427）几个世纪以来都是基督教灵修思想的参考文本。凡·高称这本"小书诚挚、纯朴、真实，很少有著作能与之比肩"〔137〕。它为读者提供了虔修的指南，核心内容为生活的精神层面、自我克制，以及对上帝意志的完全服从。

1876年

1月，凡·高一回到巴黎就得知，他将于4月1日被古庇尔公司解雇。

1月至2月，他阅读了乔治·艾略特的《菲利克斯·霍尔特》和《教区生活场景》。

4月至7月，他被古庇尔公司解雇。他先在英国的拉姆斯盖特找到了一份助教的工作，然后又到了伦敦附近的艾尔沃斯。5月，他提到了乔治·艾略特的《织工马南》。

10月，凡·高在伦敦里士满的卫理公会教堂进行了第一次布道。在布道中，他数次提到了**约翰·班扬**的《天路历程》。他读了法国作家埃米尔·苏维斯特的《屋顶间的哲学家》(Le philosophe sous les toits) [093]。

11月，凡·高在牧师斯莱德-琼斯的公理会教堂做义工。他手抄了**佩特鲁斯·奥古斯特·德·热内斯特**的诗作 [094]。他将伦敦白教堂区的"极端贫困区"与"狄更斯作品中的描写"相比较，这也是他第一次提到**狄更斯**，很有可能指的是《雾都孤儿》[098]。

12月，回埃滕过圣诞节。

🔹 **约翰·班扬**（John Bunyan，1628—1688），英国作家、牧师和传教士，著有《天路历程》(The Pilgrim's Progress, 1678)。该书是英国新教文学中具有里程碑意义的寓言作品，文风质朴动人，以象征手法讲述了班扬本人皈依基督教的故事，让凡·高在遭古庇尔公司解雇之后的过渡期产生了重要的共鸣。

🔹 **佩特鲁斯·奥古斯特·德·热内斯特**（Petrus Augustus de Génestet，1829—1861），荷兰作家、诗人和神学家。他在当时的荷兰文学界非常有名，凡·高的父母非常欣赏这位自由派的新教神学家诗人。

🔹 **查尔斯·约翰·赫芬姆·狄更斯**（Charles John Huffam Dickens，1812—1870），公认的维多利亚时代最伟大的作家。这位高产的作家，以其对底层社会的严肃描绘，为人们提供了批判维多利亚时期英国社会的重要视角，影响深远。凡·高很可能是在伦敦的时候发现了狄更斯的作品，狄更斯也就此成为他终生喜爱的英国作家。他读过狄更斯的大部分小说，英文和法文版的都读过 [325]，其中包括《匹克威克外传》(The Pickwick Papers，1836—1837)、《雾都孤儿》(Oliver Twister，1837—1839)、《圣诞故事集》(The Christmas Books，1843—1848)、《双城记》(A Tale of Two Cities，1859)、《艰难时世》(Hard Times，1854)、《小杜丽》(Little Dorrit，1855—1857) 和《德鲁德疑案》(The Mystery of Edwin Drood，1870)。

1877年

凡·高的遗产包括两册剪贴本，其中收集了数十幅版画和复制品。此前人们一直认为，这两本集子似乎都属于提奥，而不是文森特。

凡·高第一次提起提奥的"剪贴本"是在他于 1877 年 4 月中旬写给弟弟的信中［111］。这本集子中有一幅版画，画的是一位男子坐在高背椅中，读着一本书，一只狗躺在地板上。这幅画原是梅索尼耶名为《威尼斯贵族》（*A Venetian Noble*，1866）的作品，也是梅索尼耶本人的画像。凡·高寄给提奥（以及他的妹妹和父母）很多版画——我们知道，凡·高家的兄弟姐妹之间会交换版画和照片，挂在自己房间的墙上。

1 月，凡·高搬到荷兰南部城市多德雷赫特，成为"布鲁塞和范布兰书店"的一名普通助理。他告诉提奥，自己准备用荷兰语翻译乔治·艾略特的《教区生活场景》（译作 *Novellen*，即《中篇小说》）和《亚当·比德》，以此作为给父亲 55 岁的生日礼物［101、102］。父亲觉得《亚当·比德》"实在值得拥有"（Family Records，b2507）。
2 月，凡·高痴迷阅读狄更斯的《着魔的人》（*The Haunted Man*，1848）。
4 月，凡·高首次提到**丹纳**，说他"当然是一位艺术家"［112］。
5 月，搬到阿姆斯特丹，准备开展神学研究。
8 月至 9 月，凡·高阅读了**费奈隆**的《特勒马科斯纪》。抄录了托马斯·厄·肯培《效法基督》的整本法文版。阅读了法国作家雅克-贝尼涅·波舒哀的《葬礼演说》（*Oraisons funèbres*），此书收录了为伟大人物写的颂词。
10 月，凡·高阅读了狄更斯的《双城记》，以及**托马斯·卡莱尔**《法国大革命》的节选。
12 月，凡·高回到埃滕过圣诞节。

🔍 **伊波利特·阿道夫·丹纳**（Hippolyte Adolphe Taine，1828—1893），法国哲学家、艺术评论家和史学家，法国实证主义的杰出倡导者，主要著作有《英国文学史》（*Histoire de la literature anglaise*，1863—1864）和《艺术哲学》（*Philosophie de l'art*，1865）。凡·高对这两部作品都很熟悉。

🔍 **费奈隆**（Fénelon，1651—1715），原名弗朗索瓦·德·萨利尼亚克·德·拉·莫特（François de Salignac de la Mothe），法国作家、神学家和诗人。《特勒马科斯纪》（*Les aventures de Télémaque*，1699）是一场漫长的道德与精

神之旅，是某种奥德赛式的归程。在这个故事中，智慧的导师引导顺从的学生特勒马科斯（奥德修斯之子）走向道德的胜利。该书是 18 世纪广受喜爱和推崇的著作，也是凡·高在阿姆斯特丹的时候最喜欢的作品之一〔125〕。

◆ **托马斯·卡莱尔**（Thomas Carlyle，1795—1881），苏格兰作家，英国维多利亚时代早期重要的历史学家和散文家，主要著作包括《法国大革命》(*The French Revolution*，1837)、《论历史上的英雄、英雄崇拜和英雄业绩》(*On Heroes，Hero-Worship，and the Heroic in History*，1841)、《过去与现在》(*Past and Present*，1843)、《奥利弗·克伦威尔书信和演说集》(*Oliver Cromwell's Letters and Speeches*，1845)、《旧衣新裁》(*Sartor Resartus*，1833—1834)。尽管凡·高直到 1877 年 10 月下旬才在书信中提到卡莱尔的名字〔132、133〕，但他其实早在 1875 年就通过丹纳的《英国文学史》熟悉了这位作家的作品和思想。卡莱尔关于英雄的主张是凡·高的力量源泉，"我读了一本非常棒的书，作者是卡莱尔，书名是《英雄和英雄崇拜》，书中有很多不错的观点，比如我们有义务做一个勇敢的人"〔395〕。

1878 年

1 月，凡·高回到阿姆斯特丹。
4 月，阅读了米什莱的《法国大革命史》。
7 月，放弃了神学研究。
8 月，搬到布鲁塞尔的拉肯，并开始为期三个月的传教士培训。
11 月，培训期结束，凡·高没有获得传教资格。
12 月，前往比利时博里纳日矿区，作为非神职布道者在矿工中布道。

[1879—1880 年]

在博里纳日期间，凡·高大量阅读法文作品。8 月，他建议提奥阅读狄更斯《艰难时世》的法文版（法文标题为 *Les temps difficiles*），说这本书"非常棒"〔153〕。他甚至还写明了出版机构（Hachette）、价格和丛书名称"最佳外国小说文库"（Bibliothèque des meilleurs romans étrangers）等信息。1856 年，出版方 Hachette 与狄更斯签署了一份独家合同。在 1859 年之前，狄更斯的十三部小说都出现在《圣诞故事集》封底所列的书名清单上。丛书中还包括斯陀夫人的《汤姆叔叔的小屋》，而且凡·高很有可能在博里纳日时读过这本书的法文版。

1879 年

1 月中旬，凡·高被委派为福音传教士，任期六个月（从 2 月 1 日开始）。

6 月，读了**斯陀夫人**的《汤姆叔叔的小屋》，以及狄更斯的《艰难时世》法文版。

8 月，凡·高丢了传教士工作，还留在博里纳日，但是从瓦姆搬到了奎姆。他开始画各种矿工的速写[153]。

提奥来奎姆看望凡·高，时间大概是 8 月 10 日，星期日[154]。此后兄弟二人没有联系，直到 1880 年 6 月[155]。8 月中旬，凡·高回埃滕看望父母，待了几天。他当时一直在阅读狄更斯。

1879 年冬天至 1880 年，凡·高整个冬天都在阅读**雨果**的《死囚末日记》和《莎士比亚论》。他还阅读了**莎士比亚**的《亨利四世》和《李尔王》，钻研了米什莱的《法国大革命史》[155]。

1880 年

3 月，凡·高徒步旅行到法国北部的库里埃，去拜访画家、诗人儒勒·布雷东的工作室，但是他"没敢自报姓名登门拜访"[158]。

6 月，时隔一年，凡·高终于打破沉默，给提奥写了一封长信[155]。

8 月，凡·高最终决定投身艺术。他开始勤奋地画画[156]。他阅读并钻研了阿尔芒·卡萨涅的《绘画指南》和夏尔·巴尔格的《绘画教程》[158]。

10 月，凡·高听从提奥的建议，搬到布鲁塞尔，并拜访了画家安东·凡·拉帕德。

12 月，进入皇家美术学院，学习课程"临摹古代雕塑：躯干与残片"。

🔎 **斯陀夫人**（Harriett Elisabeth Beecher Stowe，1811—1896），美国作家，以《汤姆叔叔的小屋》（*Uncle's Tom Cabin*，1851—1852）最为知名，这部小说极大地推动了大众反对奴隶制的情绪。凡·高很可能读过该书的法文版和英文版。

◆ **维克多·马里·雨果**（Victor Marie Hugo，1802—1885），法国诗人、小说家、剧作家、批评家、报纸撰稿人和画家，被认为是法国浪漫主义之父。他最著名的作品包括历史剧《克伦威尔》（Cromwell，1827），其序言后来成为浪漫主义的宣言，以及小说《巴黎圣母院》（Notre-Dame de Paris，1831）和《悲惨世界》（Les Misérables，1862）。雨果生长于一个罗马天主教家庭，但他后来变得极度反对神职人员。他因政治信念与当局不同，而被迫流亡长达十九年（1851—1870），在此期间创作了大量作品。也正是在这些年里，雨果写作了《莎士比亚论》（William Shakespeare，1864）。在雨果身上，凡·高看到了一个绝佳的榜样，呈现出品格的力量和智识的责任。在读过《死囚末日记》（Le dernier jour d'un condamné，1829）之后，他成为一位刻苦阅读雨果作品的读者，经常在书信中引用雨果的文字。

◆ **威廉·莎士比亚**（William Shakespeare，1564—1616），英国诗人、剧作家和演员，是公认的历史上最伟大的英国作家之一。他的作品涵盖了悲剧、喜剧以及历史类作品，既有诗歌也有散文。莎士比亚也是世界文学领域最有影响的人物之一，对后世的作家和画家产生了深远的影响。他的剧作中所体现的自由和真理，对人类存在的独特分析，及其将悲剧和喜剧融于一部戏剧中的能力，激励着像雨果这样的作家。在凡·高生活的时代，莎士比亚的作品在欧洲各地上演。

[1881—1885年：荷兰岁月]

1881年
1月，凡·高忙着画夏尔·巴尔格的《炭笔画练习》（Exercises au fusain，1871），"这已经是第三次了"[162]。
3月至4月，在凡·拉帕德的画室创作。
凡·高从布鲁塞尔搬回了埃滕的父母家。
春天和夏天，凡·高阅读了很多法文和英文小说，其中包括**巴尔扎克**的《高老头》（Le père Goriot，1835），以及英国作家科尔·贝尔（Currer Bell，夏洛蒂·勃朗特的笔名）的《雪莉》（Shirley，1849）和《简·爱》（Jane

Eyre，1847）。

凡·高"忙着研究"卡萨涅的《水彩专论》(Traité d'aquarelle，1875)[168]。他读过了**龚古尔兄弟**的《加瓦尼：生平与作品》，重读了米什莱的《爱》和《论女性》。

8月，凡·高在海牙拜访了画家安东·莫夫。

10月，在一封给凡·拉帕德的信中（也是目前所知凡·高写给对方的第一封信），凡·高感谢对方归还了《加瓦尼：生平与作品》那本书[174]。

11月至12月，凡·高读了米什莱的《教士、女人和家庭》(Du prêtre, de la femme, de la famille，1845)[193]。

12月25日，凡·高前往海牙。

◆ **奥诺雷·德·巴尔扎克**（Honoré de Balzac，1799—1850），伟大的小说家和法国现实主义先驱，是公认的现代小说的创始者之一。他极其高产，用作品创造出一幅具体生动的当代法国社会全景。1842年，他决定将自己创作的文学系列整合起来，合成《人间喜剧》(La Comédie humaine，包括出版于1829年和1847年间的九十余本小说)，然后分为三大类:《风俗研究》(Études de moeurs)、《哲理研究》(Études philosophiques)和《分析研究》(Études analitiques)。凡·高阅读了巴尔扎克的大部分小说，还十分幽默地引用巴尔扎克的"昵称"——"治疗不治之症的兽医"[170]，这个说法出现在《贝姨》(La cousine Bette)的前言中。

◆ **埃德蒙·德·龚古尔**（Edmond de Goncourt, 1822—1896）和**儒勒·德·龚古尔**（Jules de Goncourt，1830—1870），法国作家，狂热的艺术评论家和收藏家，对自然主义小说的发展做出了突出贡献。他们基于有关艺术、生活和文化的详细记载，完成了《18世纪的艺术》(L'Art du dix-huitième siècle，1859—1875)一书。龚古尔兄弟和保罗·加瓦尼是非常亲密的朋友，他们为这位法国画家撰写了厚厚的传记《加瓦尼：生平与作品》(Gavarni, l'homme et l'oeuvre, 1868)，其中包含了很多私人的文件，这本书很可能是凡·高阅读的第一部法国作家的作品。凡·高非常看重龚古尔兄弟的小说，其中包括《热米妮·拉舍特》(Germinie Lacerteux，1864)、《修女菲洛梅娜》(Soeur Philomène，1861)和《玛奈特·萨洛蒙》

(*Manette Salomon*，1867)。儒勒去世后，埃德蒙写了很多小说，其中包括《亲爱的》(*Chérie*，1884)、《少女爱丽莎》(*La Fille Elisa*，1877)、《桑加诺兄弟》(*Les frères Zemganno*，1879)。1850 年至 1870 年间，兄弟二人还一起写日记。儒勒去世后，埃德蒙坚持写日记直到 1896 年去世。完整的法语版日记《龚古尔兄弟日记》(*The Goncourt Journal*)，于 20 世纪 50 年代首次刊行。

1882 年

在海牙期间，凡·高想要成为一名插画家，于是他狂热地收集了上百幅插画，主要来自英文和法文杂志。1882 年年中的时候，他拥有"至少一千张版画"[234]；六个月之后，他终于购买了《图画报》(*Graphic*，1870—1880)的二十一册本合集[303]。不久以后，凡·高决定把自己喜欢的版画剪下来，贴到灰色、棕色或绿色的粗糙纸板上，这也是我们今天看到这些作品的样子。凡·高的收藏如今包括大约一千四百幅插画，其中很多都是贴在粗纸上的。

3 月，凡·高阅读了**桑西耶**写的《米勒的生平和作品》。

夏天，凡·高阅读了**左拉**的《爱情一页》，并决定阅读"左拉写的全部作品"[244]。他读了不下八本《卢贡—马卡尔家族》系列作品。

6 月，他告诉提奥，自己收藏的黑白版画有大约一千幅。

7 月，凡·高把西恩·霍尔尼克、她 6 岁的女儿玛丽亚和刚出生的儿子威勒带回家。他用米什莱的《论女性》一书来为自己的行为辩护。

8 月，凡·高的父母从埃滕迁往纽南。

9 月，凡·高痴迷于阅读左拉的小说《小酒店》[260]。

秋天，他读了埃克曼—沙特里安的《两兄弟》。

他读了都德的《流亡的国王》和《富豪》，读了左拉的《家常事》和雨果的《九三年》。

冬天，他读了米什莱的《论人民》[312]。

⚒ **阿尔弗雷德·桑西耶**（Alfred Sensier，1815—1877），法国艺术批评家、收藏家，与巴比松画派有关联。他最著名的作品是《米勒的生平和作品》(*La Vie et l'oeuvre de J.-F. Millet*)，在他去世之后的 1881 年出版，策划人是法国艺术史家保罗·曼茨。1882 年，这部充满浪漫主义色彩的传记对凡·高产生了持久的影响："当你阅读桑西耶那本关于米勒的书时，你会从中获得勇气。"〔258〕凡·高在 1875 年就知道了这位法国作家，他当时购买了桑西耶的《乔治·米歇尔研究》(*Étude sur Georges Michel*, 1873)，这本专著收录了详细的画家传记、作品目录，以及二十多幅米歇尔画作的蚀刻版画。

◆ **埃米尔·左拉**（Émile Zola, 1840—1902），法国小说家、批评家和政治活动家，他非常年轻的时候就发现决定论的科学能为小说家提供创作源泉。他的《卢贡—马卡尔家族》(*Les Rougon-Macquart*, 1871—1893) 包含二十部小说，堪称"第二帝国时期一个家族的自然史和社会史"，记录了人是如何受普遍存在的决定论支配的。随着以工人阶级酗酒展开书写的《小酒店》(*L'assommoir*) 的成功，文学界宣告"自然主义流派"就此诞生。左拉在文章《艺术时刻》("Le moment artistique")中表达了他的美学主张，该文收录于他的著作《我的憎恶》(*Mes haines*, 1866) 中。凡·高阅读了左拉的全部小说和散文，其中包括《欲的追逐》(*La curée*, 1871)、《巴黎之腹》(*Le ventre de Paris*, 1873)、《生之喜悦》(*La joie de vivre*, 1874)、《莫雷教士的过失》(*La faute de l'Abbé Mouret*, 1875)、《小酒店》(1877)、《爱情一页》(*Une page d'amour*, 1878)、《娜娜》(*Nana*, 1880)、《家常事》(*Pot-bouille*, 1882)、《妇女乐园》(*Au bonheur des dames*, 1883)、《萌芽》(*Germinal*, 1885)、《杰作》(*L'oeuvre*) 和《土地》(*La terre*, 1887)。

1883 年

1月，凡·高购买了二十一册本的《图画报》(1870—1880)。

春天，凡·高读了乔治·艾略特的《米德尔马契》。重读了艾略特的《菲利克斯·霍尔特》。读了雨果的《巴黎圣母院》和《悲惨世界》。读了卡莱尔的《旧衣新裁》。

9月，凡·高结束了他和西恩的关系。他离开海牙，前往德伦特。

10月，凡·高阅读了卡莱尔的《论历史上的英雄、英雄崇拜和英雄业绩》。

12月5日，凡·高回到纽南，搬进父母的房子。

1884 年

2 月至 3 月，凡·高为提奥和凡·拉帕德抄录了很多页诗，作者包括法国作家弗朗索瓦·科佩（被称为"底层诗人"），以及法国画家、诗人儒勒·布雷东。

春天和夏天，凡·高研读了**夏尔·勃朗**的《绘画艺术的原理》和《我们时代的艺术家》，还读了**欧仁·弗罗芒坦**的《比利时与荷兰的古代大师》。秋天，凡·高读了左拉的《妇女乐园》。在信中引用了法国作家福楼拜的《包法利夫人》[456]。

🔍 **夏尔·勃朗**（Charles Blanc，1813—1882），法国艺术评论家和历史学家。1842 年至 1852 年间担任巴黎美术学院院长，年轻时他研究过版画和素描。他撰写的《伦勃朗作品全集》（*L'oeuvre complète de Rembrandt*，1859—1861）一书，就体现了他的专业知识和细致的感知力，这部两卷本的艺术图录，收录了这位荷兰大师的全部蚀刻版画作品，以及少部分油画作品。《我们时代的艺术家》（*Les artistes de mon temps*）则是凡·高从凡·拉帕德那里借的，厚厚一本书中充满了对德拉克洛瓦、路易吉·卡拉马塔、安格尔、保罗·加瓦尼、柯罗等人的私人回忆。勃朗所撰写的关于德拉克洛瓦的文章——他在其中用很大篇幅讨论了德拉克洛瓦及其对于色彩原则的运用——对凡·高产生了持久的影响[449、494]。勃朗最著名的著作是《绘画艺术的原理》（*Grammaire des Arts du Dessin*，1870），该书对"同时对比"规律有所发展，这一规律最早是由米歇尔·欧仁·谢弗勒提出的。

🔍 **欧仁·弗罗芒坦**（Eugène Fromentin，1820—1876），法国画家和作家，著有《比利时与荷兰的古代大师》（*Les maîtres d'autrefois. Belgique-Hollande*，1876）。作为一位画家，他的写作方式既有个性特点又有创新精神，让读者既沉迷于艺术大师的历史背景，也深深地被绘画技巧和构图所吸引。凡·高 1884 年夏天从凡·拉帕德那里得到了此书[448、459]。

1885 年

4 月，凡·高读了**让·吉古**的《论我们这个时代的艺术家》。他第一次提到"生之喜悦（？）"[492]，让人想到左拉的小说。

5月，凡·高读了左拉的《萌芽》。
8月，凡·高读了**泰奥菲勒·西尔韦斯特**的《德拉克洛瓦：新文献》。
10月，凡·高读了埃德蒙·德·龚古尔的《亲爱的》。
11月，凡·高读了龚古尔兄弟的《18世纪的艺术》。
11月24日，凡·高离开纽南，前往安特卫普。

◆ **让－弗朗索瓦·吉古**（Jean-François Gigoux，1806—1894），法国画家、插画家和作家。他在巴黎艺术界和知识界都交游广泛，是画家德拉克洛瓦、作家夏尔·诺迪埃和版画家托雷等人的朋友。1885年，他出版了《论我们这个时代的艺术家》（*Causeries sur les artistes de mon temps*），该书是一部生动有趣的自传，充满了各种趣闻逸事。

◆ **泰奥菲勒·西尔韦斯特**（Théophile Silvestre，1823—1876），法国作家和艺术史家，最著名的作品是《法国和外国在世艺术家传》（*Histoire des artistes vivants français et étrangers*，1853）。正如这个直白的副标题所说，西尔韦斯特采取了一种新颖的"直接方法"来研究还在进行创作的艺术家，他直接引用了自己和这些艺术家的对话，以及他们的私人传记、书信、回忆录和日记。他的专著《德拉克洛瓦：新文献》（*Eugène Delacroix. Documents nouveaux*，1864）在这位画家去世一年后出版，对凡·高产生了深远的影响，凡·高称其结尾是"一篇高妙的文章"[651]。

1886年
1月，凡·高在安特卫普的皇家美术学院注册入学，参加了人物画和素描方面的课程。他阅读了左拉《杰作》一书的节选，这本小说当时以连载的形式刊登在巴黎的文学日报《吉尔·布拉》（*Gil Blas*）上[552]。

[1886年2月至1888年2月：在巴黎]

2月，凡·高于28日前后抵达巴黎，并和提奥同住。
5月，《巴黎画报》（*Paris Illustré*）推出了一期专门介绍日本的特刊，撰稿人是林忠正。

8月至9月，凡·高阅读了**莫泊桑**的《漂亮朋友》；在信中首次引用了**伏尔泰**的《老实人》[568]。

9月至10月，凡·高开始了与埃米尔·贝尔纳的友谊。

秋天和冬天，凡·高与亨利·德·图卢兹－劳特累克成为朋友，并经常参加劳特累克举办的每周艺术家聚会。

🔸 **居伊·德·莫泊桑**（Guy de Maupassant，1850—1893），法国小说家，跟从作家福楼拜学习写作，后者是他母亲的儿时好友。随着作品《羊脂球》（*Boule de Suif*，1880）获得成功，他一跃进入文坛前列。1880年到1891年间，他写作了大约三百篇短篇小说，以及几部长篇，其中包括《一生》（*Une vie*，1883）、《漂亮朋友》（*Bel-Ami*，1885）、《温泉》（*Mont Oriol*，1887）和《两兄弟》（*Pierre et Jean*，1888）。他吸收了自然主义写作手法，重视对周围人物的观察，他的文学图景透露出一种深层的悲观主义。这在他的创作生涯中以不同的形式表现出来，或是讽刺，或是同情，或是苦闷。莫泊桑细致探究了人类心灵的微妙差别及其伪善之处，他在《两兄弟》的序言（标题为《小说》）中阐释了自己的美学。凡·高阅读了莫泊桑的很多长篇小说、短篇小说和诗歌作品。

🔸 **伏尔泰**（Voltaire，1694—1778），原名弗朗索瓦·马利·阿鲁埃（François Marie Arouet），法国启蒙作家、历史学家和哲学家。他的作品通过幽默和嘲讽的语言，公然抵抗不公，倡导一种进步的理想。伏尔泰最有名的是他创作的"哲理小说"，其中包括杰作《老实人》（*Candide*，1759）。凡·高在书信中数次引用书中的"哲学家"邦葛罗斯的乐观主义哲学："就像邦葛罗斯所说，在这个最好的世界里，一切都是最好的安排。"[568] 凡·高还读了他的《查第格》（*Zadig ou la destinée*，1747）。

1887年

很可能是在巴黎的第一年（1886）结束时，或是1887年初的时候，凡·高从画商西格弗里德·宾那里购买了六百六十张日本版画。在这位画商的"阁楼"上，凡·高浏览了"大约一万张日本版画"，从头到尾看了四五次[640、642]。凡·高博物馆最近的研究让我们对凡·高最初的目标有了新的认识。毫无疑问他极其迷恋日本艺术，但是他一开始购买这些版画似乎是为了交换或售卖。凡·高博物馆的相关藏品中目前有五百多幅日本版画，全都是1800年之后的作品，多数出自歌川派画家之手，包括歌川国贞、歌川广重、歌川国芳及歌川国贞二代。凡·高最喜欢的主题包括美人图、歌舞伎和风景画。

2月至3月，凡·高在铃鼓咖啡馆组织了一次日本版画销售展，作品都来自他自己的收藏。但展览并不成功[640]。

秋天，凡·高向威尔提到了一些当代法国作家的名字，认为他们作品"出众"，其中有"左拉、福楼拜、莫泊桑、龚古尔兄弟、黎施潘、都德、于斯曼"[574]。他读了莫泊桑的《温泉》和**托尔斯泰**的《追寻幸福》。

12月前后，就目前所知，凡·高给埃米尔·贝尔纳写了第一封信，在信中向他推荐"托尔斯泰的'俄国的民间故事'"[575]。

◆ **列夫·尼古拉耶维奇·托尔斯泰**（Lev Nikolaevich Tolstoi，1828—1910），俄国作家，公认的世界上最伟大的小说家之一。他是现实主义小说的大师，最著名的作品是《战争与和平》（War and Peace，1865—1869）和《安娜·卡列尼娜》（Anna Karenina，1875—1877），这也是他篇幅最长的两部作品。凡·高在巴黎时读了《追寻幸福》（À la recherche du Bonheur），这是一本民间故事集，法语版由 E. 阿尔佩林翻译——他和提奥收到的这本书是从荷兰寄出的。托尔斯泰的剧作《黑暗的势力》（La puissance des ténèbres，1886）于1888年2月至3月在巴黎自由剧院上演，反响热烈[604]。凡·高在动身前往阿尔勒之前是否看过这出戏，我们并不清楚。

[1888年2月至1890年5月：在普罗旺斯]

尽管住在法国南部，但是凡·高仍与首都巴黎的文学和艺术生活保持同步。他不断寻找文学圈的新闻和文章，各种日报和周刊，例如《费加罗报》（Le Figaro，包括星期日文学增刊）、《坚挺报》（L'intransigeant）、《两大陆评论》（La Revue des Deux Mondes）、《吉尔·布拉》、《黑猫》（Le Chat noir）和《短笛》（Le Fifre）。

1888 年

2 月 20 日，凡·高抵达阿尔勒。他在卡雷尔饭店旅馆租了一个房间[577]。他此前读过**都德**的《达拉斯贡的达达兰奇遇记》，不久后又读了续篇《达达兰在阿尔卑斯山》。

3 月，凡·高读了莫泊桑的《两兄弟》，被该书的序言打动。他建议威尔阅读**皮埃尔·洛蒂**的《洛蒂的婚姻》。

5 月，凡·高租下了"黄房子"的东翼，并将画室设在那里。

西格弗里德·宾在巴黎推出了杂志《艺术日本》的第一期。

6 月，凡·高在信中提到了**路易·冈斯**的《日本艺术》[620]。他读了"一本关于瓦格纳的书"，很可能是法国作曲家卡米耶·伯努瓦所著的《理查德·瓦格纳：音乐家、诗人和哲学家》(Richard Wagner, musiciens, poètes et philosophes, 1887)。阅读了莫泊桑的《诗歌集》(Des vers, 1880)[625]。凡·高告诉威尔，他读了洛蒂的小说《菊子夫人》[626]。在信中，他提到了荷兰作家弗雷德里克·凡·伊登，并将自己的画像比作海恩的脸——海恩是凡·伊登的小说《小约翰》(De Kleine Johannes, 1887)中死亡的化身[626]。

7 月，凡·高在读巴尔扎克的《赛查·皮罗多盛衰记》(César Birotteau)。他决定重读巴尔扎克的全部小说[636]。他还读了雨果的《凶年集》(L'Année terrible, 1872)[642]。

◆ **阿尔丰斯·都德**（Alphonse Daudet，1840—1897），法国小说家、短篇故事作家，他的写作来自真实生活——他会将对生活的观察记录在小笔记本上，并终生保持了这个习惯。就像自然主义者一样，他描绘日常生活中的人性，关注底层人民，但他的态度并不是悲观主义的。他是人类行为的敏锐观察者，同时也描绘平凡人的善良与奉献。怜悯、同情和仁慈是其作品的典型特质。自 1882 年起，凡·高读了都德的很多小说，其中包括《流亡的国王》(Les rois en exil，他觉得这本书"极为优美"[274])、《富豪》(Le Nabab)、《努马·卢梅斯当》(Numa Roumestan，1881)、《巴黎姑娘》(Fromont Jeune et Risler aîné, 1884)和《萨福》(Sapho，1884)。都德的英雄喜剧小说《达拉斯贡的达达兰奇遇记》(Aventures prodigieuses de Tartarin de Tarascon)和《达达兰在阿尔卑斯山》(Tartarin sur les Alpes)，都是对他的故乡普罗旺斯的轻松讽刺。

◆ **皮埃尔·洛蒂**（Pierre Loti，1850—1923），是路易·马利-朱利安·维奥（Louis Marie-Julien Viaud）的笔名，法国作家。洛蒂曾长期担任海军军官，职业生涯充满冒险色彩。他去过中东和远东，回乡时积累了大量素材，为小说创作提供了灵感。在完成第一部作品《洛蒂的婚姻》（*Le mariage de Loti*，1880）之后，他拥有了广泛读者，并凭借《我的兄弟伊夫》（*Mon Frère Yves*，1883）、《冰岛渔夫》（*Pêcheur d'Islande*，1886）和《菊子夫人》（*Madame Chrysanthème*，1887）大获成功。洛蒂造访多国的经历，让他的小说具有印象主义的风格，以及简洁却富有深意的语言。故事中的异国情调和怀旧氛围（爱和死亡是不断出现的核心主题）吸引了当时很多艺术家的关注与想象，比如凡·高和高更。1891 年，洛蒂当选为法兰西学院院士。

◆ **路易·冈斯**（Louis Gonse，1846—1921），法国艺术史家和著名收藏家，《美术公报》（*Gazette des Beaux Arts*，1875—1894）主编，法国政府机构"历史纪念物委员会"副主席。1883 年下半年首次出版《日本艺术》（*Le Japon Artistique*），1886 年修订并重印。这部具有开创意义的研究著作，对日本艺术的各个方面进行了全面考察，书中还刊有由亨利—夏尔·盖拉尔制作的大量蚀刻版画。1888 年 6 月，冈斯撰写文章《装饰艺术界的日本天才》（"Le genie des Japonais dans le décor"），刊登在《艺术日本》上。

7 月底，凡·高写信给贝尔纳，在信中批评了**波德莱尔**及其"空洞的"文字〔651，649 及注释 6〕。

8 月，凡·高催促威尔去读美国诗人惠特曼的"真正优美的"诗歌，他在信中引用了《哥伦布的祈祷》中的诗句，该诗收录于惠特曼的诗集《草叶集》中〔670〕。他还引用了福楼拜未完成的小说《布瓦尔和佩库歇》（*Bouvard et Pécuchet*）中的句子〔669〕。

9 月，凡·高寄给提奥三本巴尔扎克的作品。凡·高"终于"读了都德的《不朽者》（*L'immortel*），他觉得此书"非常出色，但是很难给人慰藉"〔672〕。他读了一篇阿纳托尔·勒罗伊—博利厄发表在《两大陆评论》上的长文，该文是"俄国宗教"（"La Religion en Russie"）系列文章的一部分，副标题为《改革者、列奥·托尔斯泰伯爵，他的前辈和后继者》（"Les Réformateurs, le comte Léon Tolstoï, ses précurseurs et ses émules"）。他在信中提到了托尔斯泰的《我的信仰》（Ma religion）〔686〕。收到了《艺术日本》的前两期（1888 年 5 月和 6 月）。

9 月 17 日，凡·高搬进了黄房子。

10 月，高更 23 日抵达阿尔勒，并住进黄房子。

凡·高阅读了左拉的《梦》（Le rêve，1888 年 10 月 11 日出版）。

12 月，凡·高 23 日经历了第一次精神崩溃，并割下了自己的左耳，24 日被收治入院。

◆ **夏尔·皮埃尔·波德莱尔**（Charles Pierre Baudelaire，1821—1867），法国诗人和文学批评家。他以艺术评论开始职业生涯，发表了关于 1845 年和 1846 年沙龙展的评论。波德莱尔最著名的作品是充满争议的诗集《恶之花》（Les Fleurs du mal，1857）。他对诗歌的结构要求堪称严苛，使用能够传达某种观念的意象符号创作，启发了整整一代诗人。

1889 年

1 月 7 日，凡·高离开医院。他几次提到了伏尔泰的《老实人》〔730、732、743〕。

3 月，凡·高购买了**卡米耶·勒莫尼耶**的《格莱布的人们》。

春天，凡·高重读了狄更斯的《圣诞故事集》和斯陀夫人的《汤姆叔叔的小屋》，很有可能都是法文版。

5 月，凡·高于 8 日申请进入圣雷米的圣保罗修道院精神病院。

6 月，凡·高收到威尔和丽丝寄给他的**爱德华·罗德**的《生命的意义》〔783〕。

夏天，凡·高重读了伏尔泰的《查第格》。他读了莎士比亚的历史剧和《一报还一报》（Measure for Measure，1603—1604）。他希望"最后"能读《荷马史诗》〔787〕。

10 月，凡·高引用了**卡门·西尔瓦**的诗《疼痛》（La douleur）中的几句。

◆ **卡米耶·勒莫尼耶**（Camille Lemonnier，1844—1913），当时最重要的比利时作家之一，被很多同代人称为"比利时的左拉"。凡·高读了勒莫尼耶最著名的小说《男人》（Un mâle，1881）之后，写道："写作风格非常像左拉。一切都来自对自然的观察,一切都有细致的分析。"[342]《格莱布的人们》(Ceux de la glèbe)是一部包含七个故事的小说集,很可能是凡·高购买的最后一本书。

🔖 **爱德华·罗德**(Édouard Rod,1857—1910),法裔瑞士艺术评论家和作家。他的早期小说都是以左拉的风格写成的,后来在《死亡之路》(La course à la mort,1885)和《生命的意义》(Le sens de la vie,1889)两部作品中发展出自己的内省式风格。凡·高从威尔那里收到的就是后面这本《生命的意义》,他觉得这本书的标题"相对于内容而言有一点虚夸"[783]。

🔖 **卡门·西尔瓦**(Carmen Sylva,1843—1916),是宝琳·伊丽莎白·奥蒂莉·露易丝-韦德(Pauline Elisabeth Ottilie Luise of Wied)的笔名,她是罗马尼亚王后,也是一位德语作家,写有很多诗歌、戏剧、笔记和格言。她也将数部作品翻译成德语,其中包括洛蒂的《冰岛渔夫》。《王后之思》(Les pensées d'une reine,1822)是一部散文格言集,分为十四个主题,包括"爱""友谊""幸运""厄运""忍耐"等。她的很多散文格言,例如关于"忍耐"的几页,流露出因13岁女儿的早逝而怀有的忧愁。这本书1888年获得了当时法兰西学院颇负盛名的"博塔奖"(Prix Botta),享誉整个欧洲。皮埃尔·洛蒂为《费加罗报》的星期日文学增刊写了两篇文章来介绍这位作家(1888年4月28日和5月5日),两篇文章凡·高都读过。提奥和威尔也都熟悉她的诗作。

1890年

1月,凡·高提到了一本"米什莱的(插图版)《法国史》",并十分推崇书中维耶热的画[836]。

2月10日,凡·高写信给阿尔伯特·奥里埃,感谢这位艺术评论家、作家所撰写的长文《孤独的画家:文森特·凡·高》("Les Isolés: Vincent van Gogh"),该文发表于《法国信使》(Mercure de France,1890年1月)。

3月,提奥寄给凡·高一本挪威作家易卜生的《娜拉》。

5月16日,凡·高离开精神病院。

[1890 年 5 月至 7 月：奥维]

5 月 17 日至 19 日，凡·高在巴黎和提奥一家待在一起。

5 月 20 日，凡·高前往奥维，住在拉乌客栈。

5 月 21 日，凡·高请提奥寄给他夏尔·巴尔格的《炭笔画练习》，"以继续研习比例和裸体人像"[877]。

7 月 6 日，凡·高在巴黎待了一天，去看了提奥，见了诗人阿尔伯特·奥里埃和画家亨利·德·图卢兹—劳特累克。

7 月 27 日，凡·高开枪自杀，子弹击中胸部。

7 月 29 日，凡·高死于枪伤。

7 月 30 日，凡·高葬于奥维。

参考文献

原始文献说明

为了重构凡·高的思想和艺术之路，我应用了大量的原始文献。首先是现存的 903 封凡·高书信，来自利奥·杨森、汉斯·吕艾顿和尼恩科·巴克合编的六卷本画册《凡·高书信全集》(Vincent van Gogh—The Letters: The Complete Illustrated and Annotated Edition, 2009)；还有电子版的凡·高书信，来自网站 www.vangoghletters.org。这个网站综合了所有原版书信的电子版，有高清的书信图片和英文译文，还对书信中提到的相关艺术作品、文学作品和出版物的详细注释，是非常宝贵的资料库，我在研究过程中经常查阅。除了这 903 封书信，我还查阅了凡·高的家庭档案 (Family Records)，其中包括凡·高各位家庭成员之间的往来书信。

我设想凡·高当时可能热衷于阅读自己最爱的作家的所有插图版作品，比如狄更斯、米什莱和洛蒂等，于是着手收集和翻查这些几乎被人遗忘的宝藏，在视觉和观念层面寻找与凡·高的新联系，其中很多材料都是第一次在本书中公开。有时候，我们很难确定凡·高在信中提及的究竟是某本书的哪个版本，在这种情况下，插画家的插图——凡·高极其重视这方面——就成为关键因素，帮助我们推断出凡·高当时手上拿的是哪个版本。

在进行视觉层面的研究的同时，我在阿姆斯特丹凡·高博物馆的图书馆查阅了大量资料，在此我想列举几例来表达我的感谢。目前我们所知的凡·高读过的所有书籍，该馆几乎都有收藏。此外，提奥和乔的儿子文森特·威廉·凡·高，也将凡·高家庭收藏的所有书籍捐赠给了博物馆，但是书籍原来的归属很难确认，只有为数不多的几本书写着所有者的题字。全部书籍当中，有两本是肯定属于凡·高的，因为书上有凡·高的字迹：一本是埃德蒙·德·龚古尔的《亲爱的》，标题页有"文森特"的签名（参见第 89 页）；另一本是《诗篇集：归正教所用》(Recueil de psaumes à l'usage des églises réformées, Paris, 1865)，书上有凡·高的笔迹。据我所知，还有两本书的简名页上题有"文森特"的签名：一本是埃克曼－沙特里安的《一个农民的故事》（现在属于私人收藏），另一本是米什莱的《爱》（如今下落不明）。这两本书的相关信息可参见前述网站，分别为编号 345 的信件注释 5 和编号 014 的信件注释 19。

我查阅了凡·高在书信中引用过的一百多本著作（艺术家的专著和传记，博物馆指南和目录，以及小说），使用的电子扫描版可在以下网站查看：www.archive.org 和 www.gallica.bnf.fr。这两个网站同时提供上述文献的英文翻译，本书在引用其中的段落和标题时就采取了该译文。

关于凡·高当时收集的杂志插图，我的研究仅限于英文和法文刊物。我通读了 1869 年至 1873 年间发行的《伦敦新闻画报》，以及从 1869 年 12 月创刊到 1883 年的《图画报》，包括英文版和国际版。正如凡·高所说，创刊初期的《图画报》是最有趣也是最动人的，本书第二章讨论的正是这一时期出版的《图画报》。我主要查阅的法文期刊是《巴黎画报·日本》特刊（1886 年 5 月），本书第四章讨论了这期刊物并附有插图；另一本是《艺术日本》，我查阅了凡·高去世之前该刊推出的每一期（1888 年 5 月至 1890 年 7 月），不过与本书关系最密切的还是该刊的前两期（1888 年 5 月和 6 月），也是凡·高本人极其喜爱的两期，本书第五章对此有所讨论。

参考文献

如今探讨文森特·凡·高的生平和作品的文学著作数不胜数，而关于其文学知识的书籍和文章则少得可怜。凡·高博物馆和库勒－慕勒博物馆出版的馆藏油画与素描作品图录，是最佳的文献参考。

Paintings, Drawings and Sketchbooks by Vincent van Gogh in the Van Gogh Museum Collection

Ella Hendriks and Louis van Tilborgh, *Vincent van Gogh, Paintings 2: Antwerp & Paris 1885–1888*, Amsterdam, 2011

Sjraar van Heugten, *Vincent van Gogh: Drawings 1: The Early Years, 1880–1883*, Amsterdam and Bussum, 1996

——, *Vincent van Gogh: Drawings 2: Nuenen 1883–1885*, Amsterdam and Bussum, 1997

Louis van Tilborgh and Marije Vellekoop, *Vincent van Gogh, Paintings 1: Dutch Period 1881–1885*, Amsterdam, 1999

Marije Vellekoop and Sjraar van Heugten, *Vincent van Gogh: Drawings 3: Antwerp & Paris 1885–1888*, Amsterdam, 2001

—— and Renske Suijver, *Vincent van Gogh: The Sketchbooks. A Facsimile of the Sketchbooks in the Collection of the Van Gogh Museum*, London and Amsterdam, 2013

—— and Roelie Zwikker, *Vincent van Gogh* *Drawings 4: Arles, Saint-Rémy and Auvers 1888–1890*, Amsterdam, 2007

Paintings and drawings by Vincent van Gogh in the Kröller-Müller Collection

Jos ten Berge *et al.*, *The Paintings of Vincent van Gogh in the Collection of the Kröller-Müller Museum,* Otterlo, 2003

Teio Meedendorp, *Drawings and Prints by Vincent van Gogh in the Collection of the Kröller-Müller Museum*, Otterlo, 2007

通识著作

Vincent Alessi, 'It's a Kind of Bible: Vincent van Gogh's Collection of English Black-and-White Illustrations: Analysis and Influence', PhD thesis, La Trobe University, Victoria, Australia, 2009

Martin Bailey, *Young Vincent: The Story of Van Gogh's Years in England*, London, 1990

——, *Van Gogh in England. Portrait of the Artist as a Young Man*, exh. cat. Barbican Art Gallery, London, 1992

Nienke Bakker, 'Van Gogh's Illness: The Witnesses Recall', in Bakker, Van Tilborgh and Prins 2016, pp. 29–86

——, 'The Beginning of the "Japanese Dream": Van Gogh's Acquaintance with Japan', in Van Tilborgh *et al.* 2018, pp. 13–39

——, Louis van Tilborgh and Laura Prins, *On the Verge of Insanity. Van Gogh and his Illness*, exh. cat., Van Gogh Museum, Amsterdam and Brussels, 2016

Walter Benjamin, 'Unpacking My Library. A Talk about Book Collecting', in *Walter Benjamin: Illuminations*, edited and with an introduction by Hannah Arendt, trans. Harry Zohn, New York,

1969: 59–67 [*Die literarische Welt*, no. 27, July 1931]

Omar Calabrese, *L'art de l'autoportrait: Histoire et théorie d'un genre pictural*, Paris, 2006

Jamie Camplin and Maria Ranauro, *Books Do Furnish a Painting*, London, 2018, pp. 50–60

Magdalena Dabrowski, *The Symbolist Aesthetic*, exh. cat., Museum of Modern Art, New York, 1980

Philippe Dagen, 'Préface', in *Vincent van Gogh, Correspondence générale*, 3 vols, trans. Maurice Beerblock and Louis Roëlandt, Paris, 1990: vol. 1, pp. VII–XXI

Maite van Dijk, Magne Bruteig and Leo Jansen (eds), *Munch: Van Gogh*, exh. cat., Van Gogh Museum, Brussels, Amsterdam and Oslo, 2015

Douglas W. Druick and Peter Kort Zegers, *Van Gogh and Gauguin. The Studio of the South*, exh. cat., The Art Institute of Chicago and Van Gogh Museum, Chicago and Amsterdam, 2001

Robert Goldwater, *Symbolism*, New York, 2018

Patrick Grant, *The Letters of Vincent van Gogh: A Critical Study*, Edmonton, 2014

——, *My Own Portrait in Writing: Self-Fashioning in the Letters of Vincent van Gogh*, Edmonton, 2015

Mariella Guzzoni, *Van Gogh: L'infinito specchio. Il problema dell'autoritratto e della firma in Vincent*, Milano, 2014

Dick van Halsema, 'Vincent van Gogh: A "Great Dutch writer" (between Marcellus Emants and Willem Kloos)', in *Van Gogh: New Findings (Van Gogh Studies 4)*, Zwolle and Amsterdam, 2012, pp. 19–31

Nathalie Heinich, *La gloire de Van Gogh. Essai d'antropologie de l'admiration*, Paris, 1992

Ella Hendriks, C. Richard Johnson Jr., Don H. Johnson and Muriel Gedolf, 'Automated Thread Counting and the Studio Practice Project', in Vellekoop *et al.* 2013, pp. 156–81

Sjraar van Heugten, *et al.*, *Van Gogh: The Birth of an Artist*, exh. cat., Musée des Beaux-Arts, Mons, 2015

——, and Fieke Pabst, *The Graphic Work of Vincent van Gogh*, Zwolle (Cahier Vincent 6), 1995

Jan Hulsker, *Vincent and Theo Van Gogh: A Dual Biography*, Ann Arbor, 1990

——, 'The Borinage Episode, the Misrepresentation of Van Gogh, and the Creation of a New Myth', in *The Mythology of Vincent van Gogh*, Kōdera and Rosenberg (eds), Tokyo and Amsterdam, 1993, pp. 309–23

Carol Jacobi, (ed.), with contributions by Martin Bailey, Anna Gruetzner Robins, Ben Okri, Hattie Spires and Chris Stephens, *The EY Exhibition. Van Gogh and Britain*, exh. cat., Tate Britain, London, 2019

Leo Jansen, 'Vincent van Gogh's Belief in Art as Consolation', in Stolwijk *et al.* 2003, pp. 13–24

Frederic G. Kitton, *Dickens and his Illustrators*, London, 1899

Tsukasa Kōdera, *Vincent van Gogh. Christianity versus Nature*, Amsterdam and Philadelphia, 1990

——, 'Van Gogh's Utopian Japonisme', in *Japanese Prints. Catalogue of the Van Gogh Museum's Collection*, Van Rappard-Boon *et al.*, Amsterdam, 1991/2006, pp. 11–45

—— and Yvette Rosenberg (eds), *The Mythology of Vincent van Gogh*, Tokyo and Amsterdam, 1993

Andrea Korda, *Printing and Painting the News in Victorian London. The Graphic and Social Realism, 1869–1891*, London, 2015

Hans Luijten, '"Rummaging among my woodcuts": Van Gogh and the Graphic Arts', in Stolwijk *et al.* 2003, pp. 99–112

——, *Van Gogh and Love*, Amsterdam, 2007

Bert Maes and Louis van Tilborgh, 'Van Gogh's Tree Roots up Close', in *Van Gogh: New Findings (Van Gogh Studies 4)*, Zwolle and Amsterdam, 2012, pp. 54–71

Alberto Manguel, *A History of Reading*, London, 1996

Teio Meedendorp, 'Van Gogh in Training: The Idiosyncratic Path to Artistry' in Vellekoop *et al.* 2013, pp. 34–55

Bernadette Murphy, *Van Gogh's Ear. The True Story*, London, 2016, pp. 137–59

Fieke Pabst, *Vincent van Gogh's Poetry Albums*, Amsterdam and Zwolle, 1988

—— and Evert van Uitert, 'A Literary Life, with a List of Books and Periodicals Read by Van Gogh', in *The Rijksmuseum Vincent van Gogh*, E. van Uitert, M. Hoyle *et al.*, Amsterdam, 1987, pp. 68–90

Ronald Pickvance, *English Influences on Vincent van Gogh*, exh. cat., The Fine Art Department, University of Nottingham, London, 1974

Katrin Pilz *et al.*, 'Van Gogh's Copies from Saint-Rémy: Between Reminiscence, Calculation and Improvisation', in Vellekoop *et al.* 2013, pp. 106–31

Griselda Pollock, 'Artists, Mythologies and Media: Genius, Madness and Art History', *Screen* 12 (3) (1980), pp. 57–96

Laura Prins, 'Van Gogh's Physical and Mental Health: A Chronology', in Bakker, van Tilborgh and Prins 2016, pp. 89–128

Charlotte van Rappard-Boon, *et al.*, *Japanese Prints. Catalogue of the Van Gogh Museum's Collection*, Amsterdam, 1991/2006

Massimo Recalcati, *Jacques Lacan. Desiderio, godimento e soggettivazione*, Milano, 2012, pp. 551–622

Mariantonia Reinhard-Felice, *The Secret Armoire. Corot's Figure Paintings and the World of Reading*, exh. cat., Oskar Reinhart Collection Am Römerholz Winterthur, 2011

Brigit Reissland *et al.*, '"Permanent, Water-proof and Unequalled for Outdoor Sketching": Van Gogh's Use of Wax Crayons', in Vellekoop *et al.* 2013, pp. 400–19

James Smith Allen, *In the Public Eye: A History of Reading in Modern France, 1800–1940*, Princeton, 1991

John Spiers *et al.*, *The Culture of the Publisher's Series, Volume 1: Authors, Publishers and the Shaping of Taste*, London, 2011

Susan Stein *et al.*, *Masterpieces of European Painting in the Metropolitan Museum of Art (1800–1920)*, Metropolitan Museum of Art, New Haven and New York, 2007

Garrett Stewart, *The Look of Reading: Book, Painting, Text*, Chicago and London, 2007

Chris Stolwijk *et al.*, *Vincent's Choice. The musée imaginaire of Van Gogh*, exh. cat., Van Gogh Museum, Amsterdam, 2003

Judy Sund, *True to Temperament. Van Gogh and Naturalist Literature*, Cambridge, 1992

Belinda Thomson, (ed.), *Gauguin by Himself*, Boston, New York, Toronto and London, 1993

Louis van Tilborgh, 'The Potato Eaters: Van Gogh's First Attempt at a Masterwork', Amsterdam and Zwolle (Cahier Vincent 5), 1993, pp. 2–29

——, 'Van Gogh's *Still-life with Bible*', *Van Gogh Bulletin* 1 (1994), pp. 13–14

—— and Marie Pierre Salé, *Millet/Van Gogh*, exh. cat. Musée d'Orsay, Paris, 1998

—— and Sjraar van Heugten, 'Semeurs', in Van Tilborgh and Salé 1998, pp. 91–104

——, *et al.*, *Van Gogh and Japan*, exh. cat., Van Gogh Museum, Amsterdam, 2018

Julian Treuherz, with contributions by Susan P. Casteras, Louis van Tilborgh *et al.*, *Hard Times. Social Realism in Victorian Art*, exh. cat., Manchester City Art Gallery, London, Rijksmuseum Vincent van Gogh, Amsterdam and Yale Center for British Art, New Haven, 1987

Chris Uhlenbeck *et al.*, *Japanese Prints: The Collection of Vincent van Gogh*, Amsterdam and London, 2018

Evert van Uitert, *Vincent van Gogh in Creative Competition: Four essays from Simiolus*, Amsterdam, 1983

Wouter van der Veen, '"En tant que quant à moi", Vincent van Gogh and the French Language', in *Van Gogh Museum Journal*, Amsterdam, 2002, pp. 64–77

——, 'Van Gogh. An Avid Reader', in Stolwijk *et al.* 2003, pp. 49–60

——, *Vincent van Gogh: A Literary Mind. (Van Gogh Studies 2)*, Zwolle and Amsterdam, 2009

Natascha Veldhorst, *Van Gogh and Music. A Symphony in Blue and Yellow*, trans. Diane Webb, London, 2018 (2015)

Suzanne Veldink, 'Van Gogh and Neo-impressionism', in Vellekoop *et al.* 2013, pp. 350–63

Marije Vellekoop, Muriel Geldof, Ella Hendrix, Leo Jansen and Alberto de Tagle (eds), *Van Gogh's Studio Practice*, New Haven and Amsterdam, 2013

Nico van Wageningen, 'Gift of Vincent van Gogh's Poetry Album', *Van Gogh Bulletin* 1 (1994), p. 11

致　谢

如果没有这么多人、这么多机构的无私帮助，我不可能完成这本书。研究从来都不是凭空开始的，而是源自与其他思想及发现之间的丰富关联。在这些年的研究当中，我有幸与凡·高博物馆的一些研究员分享我的观点，尤其是 Hans Luijten、Ella Hendriks 和 Teio Meedendorp。我在此谨向他们表达深深的感激。我尤其要感谢 Hans Luijten，他以无限包容的学术态度，允许我在私底下和写作中讨论我的观点。在过去这些年里，他不仅持续为我带来启发，而且一直给我提出宝贵的建议和意见，这些对我都是极大的鼓励。我也非常感谢和他一起进行凡·高书信研究项目（编辑）的两位编者 Leo Jansen 和 Nienke Bakker，感谢他们的研究团队，正是他们艰苦卓越的工作创造了这部体量巨大的研究材料总集——《凡·高书信全集》。

本书的写作和出版得到了 Thames & Hudson 出版社的责任编辑 Philip Watson 的极大支持，我要对他表达深挚的感谢。从开始动笔直到最后完稿，他始终对书稿充满兴趣，关注写作进度，并提供了深刻的评论和建议。我还要向以下各位表达我最热忱的感谢：谢谢 Jen Moore 在编辑方面的专注付出，虽然是"无形的"，但至关重要；谢谢 Avni Patel 出色的设计；谢谢 Imogen Graham 在收集图片方面的付出；谢谢 Susanna Ingram 在整本书的制作方面投入的巨大心血。

我在阿姆斯特丹凡·高博物馆的图书馆（直到现在我都觉得那里就像家一样）进行研究期间，得到了 Isolde Cael、Anita Homan、Steph Jacobs 和 Zibi Dowgwillo 的帮助。他们给予我宝贵的帮助和热情的支持，对此我极为感激。我还要感谢 Albertien Lykles-Livius，她非常友善地允许我复制馆藏图书的图片。我还要感谢阿姆斯特丹的国立博物馆的 Leon Vosters，以及伦敦皇家艺术学院图书馆的 Adam Waterton。在意大利，我要感谢米兰公共图书馆的网络总监 Stefano Parise 和索尔玛尼图书馆的 Bianca Girardi 及其团队，感谢他们对我研究的支持。尤其要感谢 Massimo Recalcati 在学术上给我的帮助，感谢 Rocco Ronchi、Michele Bertolini 和 Giuseppe Frangi 对我研究的热切关注。特别感谢 Stefano Salvi 对书中插图版书籍的图片所做的精心处理。

本书最早的构思可以追溯到我之前写的一本意大利文著作（*Van Gogh: L'infinito specchio*, 2014），那本书的一部分讨论的是凡·高的自画像和签名，章节标题是《凡·高的书籍一览》。2015 年 1 月至 2 月我在米兰索尔玛尼图书馆策划了一场展览，名为"凡·高的书籍之爱"（Van Gogh's Passion for Books），展出了凡·高的一些书。2017 年，我又组织了一个展览，主题是凡·高艺术中的日本文化灵感。这两次展览的文案后来都译成了英文，分别由 Alex Williams 和 Louise Fitzgibbon 完成，我们的合作都很愉快，也都为本书的研究提供了非常有益的准备工作。我很感谢他们两位，还要感谢 Louise Fitzgibbon 后来为这本书提供的新译文。我和他们都一起工作了很长时间，讨论语言上的细微差别，找到恰当的英语表达。凡·高戏剧性的人生，常常遮蔽了他作品的丰富性和复杂性；他那深刻又真挚的文字译成任何语言都极其动人，而这也正是他的书信如此激动人心的原因——就像他的画作一样，他的文字也是直抵人性的。

图片声明

a=上 b=下 l=左 r=右

2 Van Gogh Museum, Amsterdam (Vincent van Gogh Foundation); **4** Private Collection, photo Christie's Images/Bridgeman Images; **7** Van Gogh Museum, Amsterdam (Vincent van Gogh Foundation); **10** Van Gogh Museum Library, Amsterdam; **13** Kröller-Müller Museum, Otterlo; **18** British Museum, London; **21** Kröller-Müller Museum, Otterlo; **24** Van Gogh Museum Library, Amsterdam; **27** British Museum, London; **32** Kröller-Müller Museum, Otterlo; **34** Van Gogh Museum, Amsterdam (Vincent van Gogh Foundation); **37** The Garman Ryan Collection, Walsall Museum and Art Gallery; **38** Van Gogh Museum Library, Amsterdam; **39** Royal Academy of Arts, London; **42, 43** Van Gogh Museum, Amsterdam (Vincent van Gogh Foundation); **44** Royal Academy of Arts, London; **45** Biblioteca Civica Angelo Mai, Bergamo; **47** Royal Academy of Arts, London; **49** Kröller-Müller Museum, Otterlo; **51al, 51ar** Biblioteca Sormani, Milan; **51bl, 51br** Biblioteca Civica Angelo Mai, Bergamo; **52** Van Gogh Museum, Amsterdam (Vincent van Gogh Foundation); **54** Private Collection; **55, 56, 57, 61, 65b** Van Gogh Museum, Amsterdam (Vincent van Gogh Foundation); **66** Koninklijke Bibliotheek, The Hague; **70, 75a, 75b, 77, 80l, 80r, 83** Van Gogh Museum, Amsterdam (Vincent van Gogh Foundation); **84, 85** Biblioteca Sormani, Milan; **87a** Van Gogh Museum, Amsterdam (Vincent van Gogh Foundation); **89** Van Gogh Museum Library, Amsterdam; **90, 95, 100a, 100b, 101** Van Gogh Museum, Amsterdam (Vincent van Gogh Foundation); **102a, 102b** Van Gogh Museum Library, Amsterdam; **104a, 104b** Van Gogh Museum, Amsterdam (Vincent van Gogh Foundation); **106, 107** Van Gogh Museum Library, Amsterdam; **109** Musée Rodin, Paris; **110l, 110r, 111l** Van Gogh Museum, Amsterdam (Vincent van Gogh Foundation); **112** Private Collection, photo Christie's Images/Bridgeman Images **113** Private Collection; **115** Kröller-Müller Museum, Otterlo; **118** Emily Dreyfus Foundation. Kunstmuseum Basel; **123** Private Collection, photo Christie's Images/Bridgeman Images **126** Private Collection; **130** The Henry & Rose Pearlman Foundation (L.1988.62.11) on long term loan to the Princeton University Art Museum; **132** Chester Dale Collection (1963.10.151). National Gallery of Art, Washington D.C.; **137** Van Gogh Museum, Amsterdam (Vincent van Gogh Foundation); **138** Bequest from the Collection of Maurice Wertheim, Class of 1906. Harvard Art Museums/Fogg Museum, Cambridge, Mass.; **144** Private Collection; **146, 151** The Phillips Collection, Washington D.C.; **152, 153** Bibliothèque nationale de France, Paris; **154** Musée Goupil, Bordeaux; **156** Van Gogh Museum, Amsterdam (Vincent van Gogh Foundation); **157** Private Collection; **159** Gift of Mrs. Noah L. Butkin. Cleveland Museum of Art; **161** Museum Het Rembrandthuis, Amsterdam; **162** Collection of Mr. and Mrs. Paul Mellon (1985.64.9). National Gallery of Art, Washington D.C.; **163** Bequest of Sam A. Lewisohn, 1951. Metropolitan Museum of Art, New York; **166** Van Gogh Museum, Amsterdam (Vincent van Gogh Foundation); **169a** Kröller-Müller Museum, Otterlo; **173** Bequest of John T. Spaulding (48.548). Museum of Fine Arts, Boston; **177** Frank L. Babbott Fund and Augustus Healy Fund (38.123). Brooklyn Museum, New York; **178** Van Gogh Museum, Amsterdam (Vincent van Gogh Foundation); **181** Musée départemental de l'Oise, Beauvais; **185a** Kröller-Müller Museum, Otterlo; **187** Private Collection; **188** Van Gogh Museum, Amsterdam (Vincent van Gogh Foundation)

译名表

A

阿德里亚努斯·祖德兰（Adrianus Zuyderland）
阿尔伯特·奥里埃（Albert Aurier）
阿尔丰斯·都德（Alphonse Daudet）
阿尔弗雷德·桑西耶（Alfred Sensier）
阿尔芒·卡萨涅（Armand Cassagne）
阿尔塞纳·亚历山大（Arsène Alexandre）
阿尔维托·曼古埃尔（Alberto Manguel）
阿格角（Cap de la Hague）
阿里·勒南（Ary Renan）
阿纳托尔·勒罗伊－博利厄（Anatole Leroy-Beaulieu）
埃德蒙·莫兰（Edmond Morin）
埃克曼—沙特里安（Erckmann-Chatrian）
埃米尔·贝尔纳（Émile Bernard）
埃米尔·吉美（Émile Guimet）
埃米尔·路易·韦尼耶（Émile Louis Vernier）
埃米尔·苏维斯特（Émile Souvestre）
埃米尔·左拉（Émile Zola）
埃内斯特·勒南（Ernest Renan）
埃内斯特·梅索尼耶（Ernest Meissonier）
埃斯库罗斯（Aeschylus）
埃滕（Etten）
艾顿·塞明顿（Ayton Symington）
艾尔沃斯（Isleworth）
爱德华·林利·桑伯恩（Edward Linley Sambourne）
爱德华·罗德（Édouard Rod）
爱德华·马奈（Edouard Manet）
安东·凡·拉帕德（Anthon van Rappard）
安东·莫夫（Anton Mauve）
安娜·凡·高（Anna van Gogh）
安娜·科妮莉亚·凡·高－卡本特斯（Anna Cornelia van Gogh-Corbentus）
奥迪隆·雷东（Odilon Redon）
奥古斯蒂娜·鲁兰（Augustine Roulin）
奥诺雷·杜米埃（Honoré Daumier）
奥维（Auvers）

B

巴比松画派（Barbizon）
巴尔扎克（Balzac）
柏辽兹（Berlioz）
邦葛罗斯（Pangloss）
邦帕尔（Bompard）
保罗·杜兰德－吕埃尔（Paul Durand-Ruel）
保罗·高更（Paul Gauguin）
保罗·加瓦尼（Paul Gavarni）
保罗·加歇（Paul Gachet）
保罗·曼茨（Paul Mantz）
保罗·塞尚（Paul Cézanne）
保罗·西涅克（Paul Signac）
保罗－阿尔贝特·贝纳尔（Paul-Albert Besnard）
北布拉邦省（North Brabant）
贝多芬（Beethoven）
贝尔纳·布隆默斯（Bernard Blommers）
贝朗瑞（Bélanger）
俾斯麦（Bismarck）
滨海圣玛丽（Saintes-Maries-de-la-Mer）
博凯尔（Beaucaire）
勃洛克（Blok）
博里纳日（Borinage）
布歇（Boucher）

C

查尔斯·狄更斯（Charles Dickens）
查尔斯·斯坦利·莱因哈特（Charles Stanley Reinhart）
车站咖啡馆（Café de la Gare）

D

达拉斯贡（Tarascon）
大仲马（Alexandre Dumas）
丹纳（Taine）
丹尼埃·维耶热（Daniel Vierge）
但丁（Dante）
德鲁奥酒店（Hotel Drouout）
德伦特省（Drenthe）
杜比尼（Daubigny）
杜兰德—鲁埃尔画廊（Durand-Ruel Gallery）
多米尼克·维旺·德农（Dominique Vivant Denon）

E

E. 阿尔佩林（E. Halpérine）

F

菲利普·博蒂（Philippe Burty）
费尔南·科尔蒙（Fernand Cormon）
费利克斯·费内翁（Félix Fénéon）
费利克斯·雷加梅（Félix Régamey）
弗拉戈纳尔（Fragonard）
弗兰克·霍尔（Frank Holl）
弗朗索瓦·科佩（François Coppée）
弗朗索瓦—维克多·雨果（François-Victor Hugo）
弗朗索瓦—文森特·拉斯帕伊（François-Vincent Raspail）
弗雷德里克·巴纳德（Frederick Barnard）
弗雷德里克·凡·伊登（Frederik van Eeden）
弗雷德里克·莱顿（Frederick Leighton）
弗雷德里克·蒙特纳德（Frédéric Montenard）
弗雷德里克·沃克（Frederick Walker）
伏尔泰（Voltaire）

G

盖斯特（Geest）
歌德（Goethe）
古庇尔公司（Goupil & Co.）
古斯塔夫·多雷（Gustave Doré）
古斯塔夫·福楼拜（Gustave Flaubert）
古斯塔夫·卡恩（Gustave Kahn）

H

H. 约翰逊（H. Johnson）
哈利·格莱德维尔（Harry Gladwell）
海恩（Hein）
海伦·（阿林厄姆）·佩特森[Helen（Allingham）Paterson]
海涅（Heine）
汉斯·吕艾顿（Hans Luijten）
亨利·德·图卢兹—劳特累克（Henri de Toulouse-Lautrec）
亨利·方丹—拉图尔（Henri Fantin-Latour）
亨利克·易卜生（Henrik Ibsen）
亨利—夏尔·盖拉尔（Henri-Charles Guérard）

J

吉努夫人（Madame Ginoux）
加莱特·斯图尔特（Garrett Stewart）
伽利略（Galileo）
津德尔特（Zundert）
居伊·德·莫泊桑（Guy de Maupassant）

K

卡拉瓦乔（Caravaggio）
卡雷尔（Carrel）
卡米耶·毕沙罗（Camille Pissarro）
卡米耶·伯努瓦（Camille Benoit）
卡米耶·柯罗（Camille Corot）
卡米耶·勒莫尼耶（Camille Lemonnier）
克劳德·朗捷（Claude Lantier）
克劳德·莫奈（Claude Monet）
库里埃（Courrières）
奎姆（Cuesmes）

L

拉伯雷（Rablais）
拉肯（Laken）
拉姆斯盖特（Ramsgate）
拉瓦尔（Laval）
拉乌客栈（Auberge Ravoux）
朗费罗（Longfellow）
勒比克街（rue Lepic）
勒迈特·德·萨西（Lemaistre de Sacy）
雷斯达尔（Ruisdael）
理查德·瓦格纳（Richard Wagner）
利奥·杨森（Leo Jansen）
卢多维克·哈莱维（Ludovic Halévy）
鲁兰（Roulin）
路易·安克坦（Louis Anquetin）
路易·冈斯（Louis Gonse）
罗科·龙基（Rocco Ronchi）
伦勃朗·凡·莱茵（Rembrandt van Rijn）
罗西（Rossi）

M

M. 亚历克西·鲁阿尔（M. Alexis Rouart）
马丁·海德格尔（Martin Heidegger）
马泰斯·马里斯（Matthijs Maris）
马修·怀特·里德利（Matthew White Ridley）
玛丽·安·伊文思（Mary Ann Evans）
玛丽亚·霍尔尼克（Maria Hoornik）
米开朗琪罗（Michelangelo）
米利耶（Milliet）
米歇尔·欧仁·谢弗勒（Michel Eugène Chevreul）

N

奈丽·凡·高–凡·德尔·古特（Nelly van Gogh–van der Goot）
尼恩科·巴克（Nienke Bakker）
牛顿（Newton）
纽南（Nuenen）

O

欧仁·贝农（Eugène Benon）
欧仁·博赫（Eugène Boch）
欧仁·德拉克洛瓦（Eugène Delacroix）
欧仁·弗罗芒坦（Eugène Fromentin）

P

佩特鲁斯·奥古斯特·德·热内斯特（Petrus Augustus de Génestet）
佩兴斯·埃斯卡利耶（Patience Escalier）
皮埃尔·洛蒂（Pierre Loti）
皮埃尔·皮维·德·夏凡纳（Pierre Puvis de Chavannes）
皮埃尔·儒勒·赫策尔（Pierre Jules Hetzel）
普契尼（Puccini）

Q

乔·邦格（乔）（Jo Bonger）
乔治·艾略特（George Eliot）
乔治·布雷特纳（George Breitner）
乔治·杜·莫里耶（George Du Maurier）
乔治·亨利·鲍顿（George Henry Boughton）
乔治·克鲁克香克（George Cruikshank）
乔治·米歇尔（Georges Michel）
乔治·珀蒂画廊（La Galerie Georges Petit）
乔治·夏庞蒂埃（Georges Charpentier）

R

让·吉古（Jean Gigoux）
让·黎施潘（Jean Richepin）
让-弗朗索瓦·米勒（Jean-François Millet）
儒勒·布雷东（Jules Breton）
儒勒·杜普雷（Jules Dupré）
儒勒·米什莱（Jules Michelet）
儒勒–费尔迪南·雅克马尔（Jules-Ferdinand Jacquemart）

S

塞缪尔·卢克·菲尔德斯（Samuel Luke Fildes）
塞万提斯（Cervantes）
圣保罗修道院（Saint-Paul-de Mausole）
圣雷米（St-Rémy）
圣佩韦（Sainte-Beuve）

施密特（Schmidt）
斯陀夫人（Beecher Stowe）

T

泰奥菲勒·德·博克（Théophile de Bock）
泰奥菲勒·托雷（Théophile Thoré）
泰奥菲勒·西尔韦斯特（Théophile Silvestre）
特尔施泰格（Teersteg）
提奥·凡·高（Theo van Gogh）
提奥多鲁斯·凡·高（Theodorus van Gogh）
托马斯·厄·肯培（Thomas à Kempis）
托马斯·卡莱尔（Thomas Carlyle）

W

威尔敏娜（威尔）（Willemien）
威勒·霍尔尼克（Willem Hoornik）
威廉·昂格尔（William Unger）
威廉·布兰查德·杰罗尔德（William Blanchard Jerrold）
威廉·鲁森·托马斯（William Luson Thomas）
威廉·莎士比亚（William Shakespeare）
威廉·斯莫尔（William Small）
韦尔库普（Vellekoop）
委拉斯开兹（Velásquez）
沃尔特·惠特曼（Walt Whitman）
沃尔特·斯科特（Walter Scott）

X

西奥多·卢梭（Théodore Rousseau）
西恩·霍尔尼克（Sien Hoornik）
西格弗里德·宾（Siegfried Bing）
席凡宁根（Scheveningen）
夏尔·巴尔格（Charles Bargue）
夏尔·吉洛（Charles Gillot）
夏尔·诺迪埃（Charles Nodier）
夏尔·皮埃尔·波德莱尔（Charles Pierre Baudelaire）
夏尔丹（Chardin）
夏洛蒂·勃朗特（Charlotte Brontë）
休伯特·冯·赫科默（Hubert von Herkomer）

Y

雅各布-巴尔特·德·拉法耶（Jacob-Baart de la Faille）
雅克·阿德里安·拉维耶（Jacques Adrien Lavieille）
雅克-贝尼涅·波舒哀（Jacques-Bénigne Bossuet）
亚历山大·里德（Alexander Reid）
扬·胡尔斯克（Jan Hulsker）
以赛亚（Isaiah）
于连·唐吉（Julien Tanguy）
于斯曼（Huysmans）
约伯（Job）
约翰·班扬（John Bunyan）
约翰·彼得·罗素（John Peter Russell）
约翰·迪克斯（John Dicks）
约翰·福斯特（John Forster）
约翰·济慈（John Keats）
约翰·利奇（John Leech）
约翰·坦尼尔（John Tenniel）
约瑟夫·伊斯拉尔斯（Jozef Israëls）

索 引

图片所在页码为粗体

A

阿德里亚努斯·祖德兰 **2**, 53, **54–55**, 150

阿尔伯特·奥里埃 210, 211

阿尔丰斯·都德 69, 119, 121, 201, 206-207:《不朽者》209;《达达兰在阿尔卑斯山》122, **124**, **127**, 170, **171**, 207-208;《达拉斯贡的达达兰奇遇记》122, **124**, 128, **131**, 207-208;《富豪》201, 207;《流亡的国王》201, 208

阿尔弗雷德·桑西耶 71, 72-76, 78, 201-202:《米勒的生平和作品》72, **74**, **76**, 201–202;《乔治·米歇尔研究》202

阿尔勒 114, 117, 121-122, 128, 133, 134, 146, 150, 151, 155, 164, 165, 168, 172, 175, 182, 184, 186, 207, 209

阿尔芒·卡萨涅 198, 200:《绘画指南》198;《水彩专论》200

阿姆斯特丹 19, 36, 191, 196, 197

阿纳托尔·勒罗伊—博利厄 209

埃克曼—沙特里安 12, 180, 193, 194, 201:《两兄弟》201;《一个农民的故事》180, 194

埃米尔·贝尔纳 93, 108, 121, 125, 128, 133, 180, 182, 205, 206, 208

埃米尔·吉美:《日本漫步》97, **98**

埃米尔·路易·韦尼耶:《阅读的女孩》(卡米耶·柯罗原作) **153**

埃米尔·苏维斯特 9, 194, 195

埃米尔·左拉:《爱情一页》58, **59**, 62, 201, 202;《妇女乐园》**104**, 105, 155, 202, 203;《家常事》201, 202;《杰作》145, 202, 204;《卢贡—马卡尔家族》58, 62, 201, 202;《梦》69, 209;《萌芽》202, 204;《娜娜》59, 62, 202;《生之喜悦》86, **87**, 116, 134, 202;《我的憎恶》62, 202; 现实主义 62, 148-149;《小酒店》62, 81, 116, 201, 202;《艺术时刻》62, 202

埃内斯特·勒南:《耶稣传》193

埃内斯特·梅索尼耶 150, **152**, 156, **159**, 160, 196:《画家》**159**, 160;《威尼斯贵族》196

埃滕 193, 195, 196, 198, 199, 201

艾尔沃斯 19, 194

爱德华·罗德:《生命的意义》209, 210

爱德华·马奈 145, 158

安东·凡·拉帕德 12, 33, 40, 41, 43, 48, 53, 63, 78, 81, 92, 96, 180, 194, 198-200, 203

安东·莫夫 35, 200

安娜·科妮莉亚·凡·高—卡本特斯（母亲）148, 191

安特卫普 88, 145, 204

奥迪隆·雷东 45, 180, 182

奥古斯蒂娜·鲁兰 170-172

奥诺雷·杜米埃 94, 122, 130, 159, 179

奥维 12, 186, 189, 190, 211

B

巴比松画派 71, 191, 201

巴尔扎克 12, 15, 62, 149, 179, 199, 200, 207, 209:《贝姨》200;《高老头》199;《人间喜剧》200;《赛查·皮罗多盛衰记》207

巴黎 8, 12, 22, 58, 91, 121, 128, 170, 184, 186, 191-194, 204-206, 210

索 引

《巴黎画报》92, **93, 102**, 103, **106-107**, 164, 204
巴黎世界博览会 94, 97, 105
保罗·高更 69, 121, 142, 155, 164, 168, 170, 172, 180, 182-184, 208, 209:《此前此后》170
保罗·加瓦尼 45, 92, 94, 200, 202:《人类的化装舞会》94, **96**
保罗·加歇 186, **187**
保罗-阿尔贝特·贝纳尔:《现代人》179-180, **181**
贝尔纳·布隆默斯 35
滨海圣玛丽 122
波德莱尔 133, 208, 209:《恶之花》209
博里纳日 9, 25, 33, 48, 197-198
布鲁塞尔 6, 33, 191, 192, 197-199
布鲁塞和范布兰书店 19, 196

C
《草叶习作》**141**, 143
查尔斯·狄更斯:《博兹札记》**60**, 63;《德鲁德疑案》46, **67**, 69, 195;《艰难时世》195, 197, 198;《炉边蟋蟀》**64, 65**, 68;《圣诞故事集》63, **64**, 172, 184, 195, 198, 209;《圣诞颂歌》63, **64**;《双城记》195;《雾都孤儿》195;《着魔的人》63, **64**, 196
蝉 134, **137**

D
达拉斯贡 122, 125, 128
大仲马 72, 149
丹纳 183, 196, 197:《艺术哲学》196;《英国文学史》196, 197
丹尼埃·维耶热 **28**, 210
德伦特 78, 202
点彩派 15, 105, 128
《东京名所·入谷:朝颜花》**111**
《短笛》206
多德雷赫特 19, 196
多米尼克·维旺·德农:《夜晚的圣家族》（伦勃朗原作）18, **27**, 147

F
《法国信使》210
《费加罗报》206, 210
菲利普·博蒂 97
费尔南·科尔蒙 92
费利克斯·雷加梅 97, **98**
费奈隆《特勒马科斯纪》196
弗兰克·霍尔 40, 45, 46:《移民启程,晚上9点15分,开往利物浦的火车,1875年9月》**45**
弗朗索瓦·科佩 203
弗朗索瓦-维克多·雨果 176
弗朗索瓦-文森特·拉斯帕伊:《健康手册或药品及家用常备药》168, **169**
弗雷德里克·巴纳德 68, **185**
弗雷德里克·凡·伊登:《小约翰》207
弗雷德里克·莱顿 51
伏尔泰 179, 205, 209:《老实人》205, 209;《查第格》205, 209
浮世绘 105-107

G
歌川芳丸 134
歌川广重 97, 101, 103, 107, 206:《东海道五十三次·石药师寺附近的源义经系马樱》**111**;《富士三十六景·相模川》**110**
歌川国贞 107, 206:《歌舞伎花魁·三浦屋的高尾》**110**
葛饰北斋 97, 107, 136, 142:《富岳百景》139;《葛饰北斋——日本圣山富士山麓》**106**;《海上富士》139;《神奈川冲浪里》139
古庇尔公司 6, 19, 35, 71, 151, 154, 155, 191-194
古斯塔夫·多雷 57:《伦敦——一次朝圣之旅》58
古斯塔夫·福楼拜 119, 149, 167, 176, 203, 205, 206, 208:《包法利夫人》203;《布瓦尔和佩库歇》208
古斯塔夫·卡恩:《事件》182-183

225

H

H. 约翰逊:《在停工期间下到南威尔士的一座煤矿里面》**47**, 48

哈利·格莱德维尔 22

海伦·(阿林厄姆)·佩特森:《多洛罗萨》**39**, 40

海牙 35, 191, 200, 201

海牙画派 35, 80, 191

《荷兰画报》45

荷马 29, 176, 177;《荷马史诗》209

《黑猫》206

亨利·德·图卢兹-劳特累克 92, 205, 211

亨利·方丹-拉图尔 158

亨利克·易卜生 184, 211;《娜拉》184, 211;《群鬼》184

亨利-夏尔·盖拉尔 97, 142, 208

《画报》45

皇家美术学院(布鲁塞尔)33, 198

黄房子 122, 134, 142, 150, 155, 164, 168, 207, 209

J

《吉尔·布拉》145, 204, 206

吉努夫人 163, 164, 184, **185**

《坚挺报》206

津德尔特 6, 191

居伊·德·莫泊桑:《两兄弟》167, 205, 207;《漂亮朋友》114, **116**, 117, 205;《诗歌集》207;《温泉》114, 205, 206

K

卡门·西尔瓦 209, 210

卡米耶·毕沙罗 186

卡米耶·伯努瓦:《理查德·瓦格纳:音乐家、诗人和哲学家》207

卡米耶·柯罗 92, 151, **153**, 154, 156, **162**, 165:《阅读者》**154**;《正在阅读的年轻女子》**162**, 165

卡米耶·勒莫尼耶:《格莱布的人们》209, 210;《男人》210

科内利斯·马里努斯·凡·高(科尔叔叔)24, 62, 160, 161, 191

克劳德·莫奈 158

库里埃 198

奎姆 9, 71, 81, 198

L

拉肯 25, 197

拉姆斯盖特 19, 194

朗费罗 9, 192, 193

浪漫主义 30, 92, 148, 193

老年人之家 50, 53, 54

《两大陆评论》206, 209

林忠正 103, 105, 142, 205

卢多维克·哈莱维 94

路易·安克坦 92

路易·冈斯 94, 97, 100, 139, 142, 207, 208;《日本艺术》97, **99**, 139, 207, 208

伦勃朗·凡·莱茵:《让·西克斯肖像》160, **161**;《睡眠中的老妇人》**20**;《阅读圣经》**27**, 147;《犹太新娘》36, 176

伦敦 6, 8, 48, 58, 63, 192, 193, 195

《伦敦新闻画报》43—46, 53, 97

M

马修·怀特·里德利 51

玛丽亚·霍尔尼克(西恩之女)40, **42**, 201

帽子 **52**, 53, 133

米歇尔·欧仁·谢弗勒 78, 203

N

纽南 14, 73, 78, 79, 84, 91, 105, 201, 202, 204

O

欧仁·贝农 **113**

欧仁·博赫 133

欧仁·德拉克洛瓦 15, 78, 91, 92, 121, 204

欧仁·弗罗芒坦 183, 203:《比利时与荷兰的古代大师》203

P

《潘趣》45

佩特鲁斯·奥古斯特·德·热内斯特 148, 195

佩兴斯·埃斯卡利耶 133
皮埃尔·洛蒂:《冰岛渔夫》170;《菊子夫人》121, 133, 134, **135-136**, 139, 207;《洛蒂的婚姻》207
皮埃尔·皮维·德·夏凡纳 113, 114, 156:《男人肖像》(欧仁·贝农) 113
皮埃尔-儒勒·赫策尔 179-180, **181**
贫穷 25, 33, 40, 63
普罗旺斯 12, 69, 117, 121-122, 133, 136, 206-208
普仕里工作室 35

Q

乔治·艾略特 84-86, 193-194, 196, 202:《菲利克斯·霍尔特》194, 202;《教区生活场景》84-86, 194, 196;《米德尔马契》202;《亚当·比德》193, 194, 196;《织工马南》85-86, 194
乔治·布雷特纳 35
乔治·克鲁克香克 **60**, 68
乔治·米歇尔 78, 202

R

让·吉古 91, 203, 204:《论我们这个时代的艺术家》91, 203, 204
让·黎施潘 105, 119:《老实人》105
让-弗朗索瓦·米勒 71-74, **76**, 178, 179, 201:《播种者》73, **76**;《死神与樵夫》72;《田间劳作》71, **178**;《晚祷》71;《自画像》73, **74**
日本版画 88, 103, 105-107, **110**, **111**, 119, 128, 136, 142-143, 205-206
日本风 88, 92, 97, 101, 102, 103
儒勒·布雷东 198, 203
儒勒·米什莱:《爱》30, 192, 193, 200;《法国大革命史》26, **28**, 192, 197, 198;《法国史》192, 210;《海》193;《教士、女人和家庭》200;《论女性》36, **38**, 193, 200, 201;《论人民》81, **82**, 192, 201;《鸟》193;《圣女贞德》193
儒勒-费尔迪南·雅克马尔:《阅读者》150, **152**

S

塞缪尔·卢克·菲尔德斯 40, 41, 45, 46, 48, 66, 67, 69:《空椅子》**66**, 69;《流离失所和忍饥挨饿的人》40, **41**, 46;《睡一觉就好了》67
圣保罗修道院精神病院 172, 209, 210
《圣经》8, 19, 22, **23**, 25, 26, 29, 56, 86, **87**, 147, 148, 176, 180-182, 191, 193
圣雷米 172-175, 186, 209
石版画 53
《世界画报》45
书法 101, 103, 139, 143
水彩 35
斯陀夫人:《汤姆叔叔的小屋》30, **31**, 172, 179, 184, 198, 209
泰奥菲勒·德·博克 35

T

泰奥菲勒·托雷 36, 183, 192:《荷兰博物馆》36, 183, 192
泰奥菲勒·西尔韦斯特 92, 155, 204:《德拉克洛瓦:新文献》92, 204;《法国和外国在世艺术家传》155, 204
提奥·凡·高 6, 8, 12, 16, 43, 136
提奥多鲁斯·凡·高(父亲)148, 191, 196
《天主教画报》**57**, 58
《图画报》**39**, 40, **41**, **44**, **45**, 46, **47**, 50, **51**, **56**, 66, **84**, **85**, 201, 202:《人民的头像》50, **51**, 56
托尔斯泰 206, 209:《我的信仰》209;《追寻幸福》206
托马斯·厄·肯培 22, **24**, 193, 194, 196:《效法基督》22, **24**, 193, 194, 196
托马斯·卡莱尔 69, 85, 193, 196, 197, 202:《法国大革命》196;《旧衣新裁》202;《论历史上的英雄、英雄崇拜和英雄业绩》202

W

瓦尔特·惠特曼:《草叶集》133, 208
瓦姆 198
威尔敏娜·凡·高(威尔)14, 108, 116,

117, 119, 122, 123, 133, 136, 145, 147, 149, 155, **156**, 157, 160, 167, 172, 180, 184, 185, 191, 206

威勒·霍尔尼克（西恩之子）147, 201

威廉·昂格尔：《学者》（伦勃朗原作）**158**, 160

威廉·布兰查德·杰罗尔德 57, 58

威廉·鲁森·托马斯 46, 48

威廉·莎士比亚 26, 29, 174, 175–177, 198, 199, 209：《亨利四世》175, 198；《亨利六世》**174**, 175；《李尔王》176, 198；《一报还一报》209

威廉·斯莫尔 **51**

维克多·雨果：《巴黎圣母院》199, 202；《悲惨世界》202；《九三年》201；《莎士比亚论》29, 198, 199；《死囚末日记》29, 198, 199；《凶年集》207

文森特·凡·高（森特叔叔）160, 161, 191

文森特·凡·高：蝉 134–**137**；重复绘画 172, 184；抽象 182–183；传教士 9, 19, 25, 197, 198；大声朗读 23, 25, 147；复制品 8, 19, 71, 155, 179, 191, 195；灰尘 125–127；精神崩溃 168, 172, 183, 209；模特 35, 40, 53, 114, 133, 145, 160, 164, 170, 184；用色 35, 81, 94, 105, 119；日本版画 88, 103, 105–107, 128, 136, 142, 164, 205–206；诗 9, 16, 133, 147, 192, 193, 203, 208；现实主义 16, 46；神学研究 19, 196；收藏者 8, 41, 45, 48, 100, 103, 107, 191, 201, 206；书店店员 19；死亡 69, 207；调色师 128, 143；序言 15, 28, 30, 72, 81, 88, 117, 167, 186, 199, 205, 207；艺术学习 30, 32, 35, 71, 78, 92, 198, 199–200, 204；艺术作为慰藉 16, 72, 172, 175, 179；与《圣经》有关的画 180, 182；阅读的教育和娱乐功能 14, 179–180；在古庇尔公司 6–8, 19, 191, 193；助教 19, 194；自画像 12, 73, **75**, 90, 91, 92–94, 114, 117, 119, 120, 122, 125, 128, **129**, 139, 179

文森特·凡·高作品：《阿尔勒女子》（1888–1889）**163**, 164–165；《身负重担的人们》（1881）**32**, 33；《卧室》（1888）155；《摇篮曲》（1889）170–172, **173**；《雨中的桥》（1887）**101**；《在教堂里》（1882）**21**, 22；《丝柏》（1889）**177**, 178–179；《加歇医生》（1890）186, **187**；《医院住宿处》（1889）172；《阿尔勒的公园入口》（1888）146, 150, **151**；《开花的梅树》（1887）**101**；《法国小说和玻璃杯里的玫瑰》（1887）108, **112**；《留着络腮胡子、戴着防雨帽的渔夫头像》（1883）**52**, 53；《男人头像》（1886）73, **75**；《风信子花球》（1887）103；《读小说的女子》（1888）155, **157**, 159–160, 162, 165；《阿尔勒女子·吉努夫人》（1890）184, **185**；《火炉旁读书的男人》（1881）11, **13**；《站着读书的男人》（1882）**54**；《抱孩子的母亲》（1883）**49**；《穆斯梅》（1888）**132**, 133–134；《喝咖啡的老人》（1882）**55**；《阅读的老人》（1882）**2**；《前往达拉斯贡路上的画家》（1888）120, 125, 128, **129**；《巴黎小说》（1887）**7**, 108, 112, 114；《唐吉老爹》（1887）107–108, **109**；《几摞法国小说》（1887）**7**, 108；《犁过的地和树干》（《犁沟》，1888）143, **144**；《诗人》（1888）133；《穷人与钱》（1882）**61**, 63；《吃土豆的人》（1885）63, 70, 78–80, **80**, 86；《巴黎小说》（1887）**7**, 108, 112, 114；《形似僧侣的自画像》（1888）**138**, 139；《有日本版画的自画像》（1887）**118**, 119；《有玻璃杯的自画像》（1887）90, 93, **95**；《鞋》（1886）97, 100–101, **100**；《悲伤》（1882）36, **37**, 40；《施粥所》（1883）40, **42**；《播种者》（1885）73, **77**；《玻璃杯中的杏花，以及一本书》（1888）4, 122, **123**；《罗纳河上的星夜》（1888）155, 178–179；《有一盘洋葱的静物》（1889）168, **169**；《有圣经的静物》（1885）86, **87**, 88；《有小雕像的静物》（1887）114, **115**, 117；《向日葵》（1888）155；《达拉斯贡的公共马车》（1888）128, **130**；《蓟花》（1888）

125, **126**;《三本小说》(1887) 103, **104**;
《树根》(1890) 166, **188**, 190;《两个头像》(1884–1885) 73, **75**;《织工》(1884) 82, **83**;《麦田里的乌鸦》(1890) 189;《读小说的女子》(1888) 155, 157, 159, 160, 162, 165;《精疲力尽》(1881) **65**, 68;《黄房子》(1888) 155

X
西恩·霍尔尼克 36, **37**, 78, 201, 202
西格弗里德·宾 97, 107, 139, 140, 142, 143, 205, 207
溪斋英泉:《花魁》92, **93**
喜多川歌麿 106, 164;《喜多川歌麿——日本料理》106, **107**
夏尔·巴尔格 198, 199, 211;《绘画教程》198;《炭笔画练习》199, 211
夏尔·勃朗:《绘画艺术的原理》78, **79**, 81, 203;《伦勃朗作品全集》19, **20**, 203;《我们时代的艺术家》121, 203
夏尔·吉洛 103, 142
夏洛蒂·勃朗特:《简·爱》199;《雪莉》199
《现代生活》45
现实主义 58, 149, 186
象征主义 182, 183
肖像 108, 128, **132**, 133, 139, 184
新印象派 105
信仰 25, 26
休伯特·冯·赫科默 40, 45, 46, 48, 50, **51**, 53, 56;《务农者》53, 56;《最后的集合：星期天在切尔西医院》**44**, 48

Y
雅克·阿德里安·拉维耶:《田间劳作》(米勒原画) **178**, 179
雅克-贝尼涅·波舒哀 196
亚历山大·里德 114
《艺术日本》**140**, **141**, 142, 143, 207–209
医院 168, 170, 172, 209
椅子 66, 69
印象派 92

英国皇家美术学院 48
于连·唐吉 108, **109**
渔夫 **52**, 53
约翰·班扬:《天路历程》194, 195
约翰·彼得·罗素 92, 182
约翰·济慈 192
约翰·利奇:《约翰的幻想》**65**, 68
约瑟夫·伊斯拉尔斯:《简单一餐》80
阅读 14, 15, 147–149, 158, 159
阅读者（艺术主题）2, 11, 14, 25, **54**, **56**, **57**, **113**, 114, 147, 150–**154**, 155, **157**, 158–160, **161-163**, 164–165, **181**, **185**, **187**

Z
自画像：凡·高 12, 73, **75**, **90**, 91, 92–**95**, **118**, 119, **120**, 125, 128, **129**, **138**, 139；米勒 73, **74**
自然主义 58, 108, 117, 148, 149, 186
《最后的集合：星期天在切尔西医院》**44**, 48

封面用图和篇章页插图说明

封面图：凡·高，《法国小说和玻璃杯里的玫瑰》，1887（参见第 112 页）
封底图：凡·高，《玻璃杯中的杏花，以及一本书》，1888（参见第 123 页）
文前插图：凡·高，《阅读的老人》，海牙，1882
第 18 页：多米尼克·维旺·德农制版，《夜晚的圣家族》（局部），1787（参见第 27 页）
第 34 页：凡·高给提奥的信（参见第 43 页）
第 70 页：凡·高，《吃土豆的人》（局部），1885（参见第 80 页）
第 90 页：凡·高，《有玻璃杯的自画像》（局部），1887（参见第 95 页）
第 120 页：凡·高，《前往达拉斯贡路上的画家》（局部），1888（参见第 129 页）
第 146 页：凡·高，《阿尔勒的公园入口》（局部），1888（参见第 151 页）
第 166 页：凡·高，《树根》（局部），1890（参见第 188 页）

献给维罗妮卡（Veronica）和阿尔多（Aldo）

Vincent's Books © 2020 Thames & Hudson Ltd., London
Text © 2020 Mariella Guzzoni
Published by arrangement with Thames & Hudson Ltd., London
This edition first published in China in 2023 by Beijing Imaginist Time Culture Co., Ltd., Beijing
Simplified Chinese edition © 2023 Beijing Imaginist Time Culture Co., Ltd.

北京版权保护中心外国图书合同登记号：01-2022-6883

图书在版编目（CIP）数据

我为书狂：凡·高的私人阅读史/（意）马里耶拉·古佐尼著；陈玮译.-- 北京：北京日报出版社，2023.2
　　ISBN 978-7-5477-4449-9

　Ⅰ.①我…Ⅱ.①马…②陈…Ⅲ.凡高（Van Gogh，Vincent 1853-1890）- 生平事迹 Ⅳ.① K835.635.72

中国版本图书馆 CIP 数据核字（2022）第 235658 号

责任编辑：姜程程
特约编辑：贾宁宁　马步匀
封面设计：林　林
内文制作：陈基胜

出版发行：北京日报出版社
地　　址：北京市东城区东单三条 8-16 号东方广场东配楼四层
邮　　编：100005
电　　话：发行部：（010）65255876
　　　　　总编室：（010）65252135
印　　刷：中华商务联合印刷（广东）有限公司
经　　销：各地新华书店
版　　次：2023 年 2 月第 1 版
　　　　　2023 年 2 月第 1 次印刷
开　　本：635 毫米 ×960 毫米　1/16
印　　张：14.5
字　　数：216 千字
定　　价：138.00 元

版权所有，侵权必究，未经许可，不得转载

如发现印装质量问题，影响阅读，请与印刷厂联系调换